Norbert Kunze
Kultur- und gesellschaftssensible Beratung
von Migrantinnen und Migranten

Therapie & Beratung

Norbert Kunze

Kultur- und gesellschafts-sensible Beratung von Migrantinnen und Migranten

Konzepte für die psychologische und psychosoziale Praxis

Psychosozial-Verlag

Bibliografische Information der Deutschen Nationalbibliothek
Die Deutsche Nationalbibliothek verzeichnet diese Publikation
in der Deutschen Nationalbibliografie; detaillierte bibliografische Daten
sind im Internet über http://dnb.d-nb.de abrufbar.

Originalausgabe

E-Mail: info@psychosozial-verlag.de
www.psychosozial-verlag.de

Umschlagabbildung: »Illustration of people different nationalities going on a Earth« © dannywilde/fotolia
Umschlaggestaltung & Innenlayout nach Entwürfen
von Hanspeter Ludwig, Wetzlar
Satz: metiTec-Software, me-ti GmbH, Berlin
www.me-ti.de
ISBN 978-3-8379-2814-3 (Print)
ISBN 978-3-8379-7437-9 (E-Book-PDF)

Inhalt

Yvy marae'ỹ rekávo.
Auf der Suche nach dem Land ohne Übel.
(Lebensvision der Guarani)

Mit meiner lieben Chiní und mit unseren Familien

1. Einleitung

Bis vor wenigen Jahren stand das Thema der interkulturellen Beziehung in ihrer Bedeutung für fachliches Arbeiten im Bereich der psychologischen Beratung und Psychotherapie im Windschatten der Aufmerksamkeit.

Entsprechend befanden sich die KollegInnen, die in den vergangenen Jahrzehnten an den wenigen internationalen und besonderen muttersprachlichen psychologischen Beratungsstellen tätig waren, in einem fachpolitischen Dilemma. Zum einen waren sie in ihrer täglichen Arbeit mit in- und ausländischen Ratsuchenden mit einer breiten Palette gesellschaftlicher und kultureller Themen und ihren Auswirkungen auf die psychologische Beratungsarbeit befasst, zum anderen war es offenkundig, dass die in diesen Arbeitsfeldern gemachten Erfahrungen fachpolitisch kaum zu vermitteln waren. Die inhaltliche Entwicklung interkultureller Beratungsansätze und der Teamentwicklungen von multiethnisch und multireligiös besetzten Teams vollzog sich so über Jahre hinweg eher in einem Insiderkreis und auf wenigen Konferenzen dieses Kreises.

Erfreulicherweise hat sich dies in letzter Zeit geändert. Einerseits ist dies ein Ergebnis der politischen Vorgaben einer kulturellen Öffnung für alle gesellschaftlichen Dienstleistungsbereiche, die die Regierungskoalitionen in den vergangenen 20 Jahren – wenn auch in unterschiedlicher Dringlichkeit – vorgegeben haben. Andererseits haben die Publikationen zum Thema der psychologischen Beratung und Psychotherapie mit Menschen mit Migrationshintergrund deutlich zugenommen.

Es sind nicht zuletzt aktuelle Ereignisse, wie die wachsende Zahl der Flüchtlinge und die damit sich ergebende Notwendigkeit von geeigneten psychologischen Beratungsangeboten bzw. psychotherapeutischen Behandlungsangeboten, die das Interesse an migranten- und kultursensiblen psychologischen und psychotherapeutischen Beratungs- und Behandlungskonzepten und entsprechenden Erfahrungen hat deutlich steigen lassen.

Der gegenwärtige fachliche Diskurs zur interkulturellen psychologischen Beratungsarbeit bzw. interkulturell angelegter Psychotherapie besticht durch eine hohe Kultursensibilität in der Reflexion der therapeutischen Beziehung von BeraterIn und Ratsuchendem bzw. TherapeutIn und PatientIn, die sich in ethnischer, kultureller, religiöser Herkunft unterscheiden und unterschiedliche Muttersprachen sprechen. Es ist offensichtlich und durch viele Erfahrungen bestätigt, dass eine hohe Kultursensibilität der Beraterin oder des Beraters bzw. der Therapeutin oder des Therapeuten für die psychologische Beratungsarbeit bzw. für Psychotherapie sehr förderlich und unabdingbar ist. Sie ist jedoch nur eine der notwendigen Sensibilitäten für die Arbeitsbeziehung zwischen BeraterInnen und MigrantInnen. Die Sensibilität für die gesellschaftliche Dimension der Beziehung von BeraterIn, TherapeutIn und Ratsuchendem/PatientIn mit Migrationshintergrund und für die von dieser gesellschaftlichen Dimension ausgehenden Festlegungen in Diskursen und gesetzlichen Festlegungen für MigrantInnen und ihren Rechten ist im vorliegenden Kontext ebenfalls von zentraler Bedeutung. Sie berücksichtigt die gesellschaftlichen Befangenheiten für BeraterInnen/TherapeutInnen und ihre Ratsuchende/PatientInnen, die sich im Verhalten, in Urteilen und Vorurteilen ausdrücken und welche sich emotional ähnlich deutlich manifestieren wie kulturelle Befangenheiten. Sie wirken sich entsprechend direkt und häufig auf die psychologische Beratungsarbeit bzw. auf die psychotherapeutische Arbeit aus.

Der gegenwärtige fachliche Diskurs zur interkulturellen psychologischen Beratungsbeziehung steht in Gefahr, die interkulturelle Arbeitsbeziehung auf die kulturelle Besonderheit zu reduzieren und die Auswirkungen der gesellschaftlichen Situation auf die Beziehung von InländerInnen und MigrantInnen zu vernachlässigen.

Indem ich die Notwendigkeit eines mehrdimensionalen Beratungsansatzes unterstreiche, möchte ich diesem Trend mit der vorliegenden Buchveröffentlichung gegensteuern. Darin fasse ich Einsichten zusammen, die in Einzelartikeln von mir zum Teil schon formuliert und in einem Sammelband von Renate Oetker-Funk und Alfons Maurer 2009 veröffentlicht wurden. Diese basieren auf den Arbeitserfahrungen, die ich als Psychologe und Theologe in einem multiethnischen, multisprachlichen und multireligiösen Team über drei Jahrzehnte machen konnte. Sie sind in dieser Veröffentlichung durch Einsichten erweitert, die ich als Supervisor zur migranten- und kultursensiblen Arbeit an Beratungsstellen bzw. als Coach im Rahmen von kulturellen Öffnungsprozessen in Einrichtungen und Behörden gewonnen habe.

Das Buch gliedert sich in acht Kapitel. Im Anschluss an das vorliegende Einleitungskapitel wird im zweiten Kapitel die Einwanderungsgesellschaft als Kontext der psychologischen Beratungsarbeit beschrieben. Im dritten Kapitel wird die Konzeption einer migranten- und kultursensiblen psychotherapeutischen Arbeitsweise entfaltet. Das vierte Kapitel widmet sich der Bedeutung von Sprache und Sprachlosigkeit in der psychologischen Beratung. Das fünfte Kapitel befasst sich mit der Bedeutung des Teams für eine migranten- und kultursensible Beratungsarbeit. Das sechste Kapitel widmet sich der migranten- und kultursensiblen Kompetenz in der psychologischen Beratungsarbeit.

Die Übertragung des migranten- und kultursensiblen psychologischen Beratungsansatzes auf unterschiedliche Zielgruppen von MigrantInnen wird im siebten Kapitel anhand von Fallvignetten erläutert. Diesem schließt sich ein kurzes achtes Kapitel an, das die Herausforderungen von migranten- und kultursensibler Öffnung für die Träger von Beratungseinrichtungen beleuchtet. Das Buch schließt mit einem Ausblick auf die migranten- und kultursensible psychologische Beratungsarbeit.

2. Die Einwanderungsgesellschaft als Kontext psychologischer Beratungsarbeit

Psychologische und psychotherapeutische Beratungsarbeit findet an Beratungsstellen und Beratungspraxen in Deutschland statt. Sie ist in bestimmte historische, soziopolitische und wirtschaftliche Umstände eingebettet. Dies gilt insbesondere in Bezug auf das Thema der Migration mit ihren unterschiedlichen Formen und deren Auswirkungen auf die Gesellschaft in Deutschland.

Deutschland als Drehscheibe und Schauplatz von Migrationsbewegungen

Deutschland ist in den vergangenen 150 Jahren Schauplatz und Drehscheibe vielfältigster Migrationsbewegungen gewesen, die Menschen von hier weggeführt wie auch hierher gebracht haben. Menschen sind in dieser Zeit aus wirtschaftlichen, religiösen und politischen Gründen in die verschiedensten Teile der Welt, in die USA, nach Kanada, in verschiedene lateinamerikanische Länder, einige auch nach Afrika ausgewandert, emigriert, geflüchtet oder vertrieben worden.

Das Naziregime hat sich zur Durchsetzung seiner mörderischen Politik gegenüber der jüdischen Bevölkerung in Deutschland und in Europa umfangreichster gewalttätiger Deportationen bedient. Bis zum Ende des Zweiten Weltkrieges haben über acht Millionen Zwangs- und Fremdarbeiter die Kriegsindustrie aufrechterhalten Die Niederlage Nazideutschlands im Zweiten Weltkrieg beendete nicht nur die Nazidiktatur, sie war der Auslöser neuer großer Flüchtlingsbewegungen und diente zur Legitimation einer großen Vertreibungspolitik in östlichen Nachbarstaaten gegenüber den dort lebenden Deutsch sprechenden Minderheiten.

Der eiserne Vorhang, der sich politisch über Europa legte, sorgte für weitere Jahrzehnte für neue Flüchtlingsbewegen zwischen Ost und West – insbesondere in Deutschland als gespaltenem Land selbst – in ganz geringem Maße auch von West nach Ost.

Zeitlich parallel wurde die wirtschaftlich boomende Bundesrepublik Deutschland mit anderen Staaten Westeuropas Zielort für ArbeitsmigrantInnen aus Süd- und Südosteuropa. Diese Migrationsform führte über die Generationen hinweg de facto zu einer Einwanderungssituation. Die Konstruktion des Begriffs »GastarbeiterIn« wurde von Anfang an der individuellen Wirklichkeit »der Gastarbeiterin« bzw. »des Gastarbeiters« und ihrer/seiner Familie genauso wenig gerecht wie der gesellschaftlichen Auswirkung dieser Migrationsbewegung auf die Gesellschaft als Einwandererland. Dieser Begriff belegt begrifflich eine gesellschaftliche Form der Ausgrenzung für die davon betroffenen Menschen.

Die politische Einigung Europas mit den damit einhergehenden Freizügigkeiten im Grenzverkehr führte weiter zu einer starken Zunahme der Mobilität innerhalb der EU nicht nur im Hinblick auf den Tourismus, sondern besonders auch im Bildungs- und Ausbildungsbereich. Der Mauerfall in Deutschland führte schließlich zu einer neuen innerdeutschen Migrationsbewegung; sie verstärkte die innereuropäischen Migrationen genauso wie die Übersiedlungsprozesse aus den Gebieten der ehemaligen Sowjetunion.

Die Flüchtlings- und Asylmigrationen aus den innereuropäischen und außereuropäischen Spannungsgebieten bis in die jüngsten Tage setzen diese Migrationswirklichkeit fort. Deutschland und Europa sehen sich über Flüchtlinge und Asylsuchende unmittelbarer als je zuvor mit den Auswirkungen von Krisen und Kriegen im außereuropäischen Raum konfrontiert. Nicht selten sind sie am Entstehen dieser Krisen durch politische und wirtschaftliche Einflussnahmen beteiligt.

In einer Skizzierung von Deutschland als einem Land, in dem Migrationen begannen, einem Land, das als Durchgangsstation für MigrantInnen diente, wie auch als dem Land, das Zielort von Migrationen wurde, werden nur ganz vage die äußeren und inneren Kräfte deutlich, die Migrationen ermöglichen, erzwingen und diese aushalten lassen. Migrationen haben immer auch mit politischen und wirtschaftlichen Interessenslagen und Verursachern zu tun. In Migrationen sind Menschen, Einzelne, Gruppen und ganze Völker Subjekte und Objekte, finden sich Opfer und Täter.

Es gehört zu einem weltweiten – nicht zufälligen, sondern zu oft bewusst kalkulierten – Geschehen, das Menschen vornehmlich aus wirtschaftlichen und politischen Gründen zu MigrantInnen macht, sie als MigrantInnen leben und überleben lässt. Migrationen schaffen aber auch neue Möglichkeiten und verändern Einzelne wie auch die davon betroffenen Gesellschaften.

In einer Aufnahmegesellschaft wirken dabei die politischen und ökonomischen Hintergrundthemen der weltweiten Migrationen oft weiter. Das sind die militärischen Bündnissituationen mit den Auswirkungen militärischer Interventionen, das sind wirtschaftliche und politische Marktkonstellationen mit den Auswirkungen ihrer jeweiligen expansiven Wirtschafts- und Handelspolitik auf andere Regionen. Aussichtslosigkeit angesichts von Machtmissbrauch der Herrschenden und angesichts sozialer Ungerechtigkeit treiben die Menschen aus ihren Herkunftsländern weg.

Und dennoch – die Migrationen gehören zum strukturellen

Bestandteil der deutschen Gesellschaftsentwicklung. Sie bleibt auch struktureller Bestandteil in Zukunft, weil wir weiterhin auf den Zuzug und die Einwanderung von Arbeitskräften angewiesen sind. Die demografische Überalterung der Bevölkerung lässt die Zuwanderung von Arbeitskräften nicht nur wünschenswert erscheinen, sie ist zum Erhalt des Lebensstandards und der wirtschaftlichen Zukunftsfähigkeit Deutschlands notwendig.

Demografische Realität eines Einwanderungslandes und kulturelle Diversität

Die demografische Wirklichkeit in Deutschland lässt sich mit den Ergebnissen des Mikrozensus von 2012 und darauf folgenden Daten des Statistischen Bundesamtes nüchtern zusammenfassen:

- In der Bundesrepublik leben 82,2 Millionen Menschen (Statistisches Bundesamt, 2016), darunter 17,1 Millionen mit Migrationshintergrund. Das sind 21% der Gesamtbevölkerung. Davon haben 8,4 Millionen einen deutschen Pass, 8,7 Millionen haben einen ausländischen Pass.
- Was die Herkunft der Menschen mit Migrationshintergrund betrifft, so stammen sie aus insgesamt 150 Staaten, die diplomatisch anerkannt sind und eine Botschaftsvertretung haben. Menschen aus der Türkei zählen mit 18,3% der Menschen mit Migrationshintergrund zur stärksten Gruppierung, gefolgt von Personen aus Polen und der Russischen Konföderation mit 7,4%.
- Auch die Vielfalt religiöser Orientierungen und des religiösen Lebens hat mit der Zuwanderung deutlich zugenommen. Inzwischen fächern sich die religiösen Gruppierungen auf 140 Religions- und Weltanschauungsgemeinschaften in Deutschland auf. Die christlichen Konfessionen bilden mit 56% die stärkste Gruppierung. Der katholischen Kirche gehören 28,9% der Bevölkerung an, dem Zusammenschluss

der evangelischen Kirchen 27,1%. Der Anteil der christlichen Konfessionen in der Bevölkerung ist seit 1970 von 92,3% auf 56% zurückgegangen. Zum Islam bekennen sich 4,4% der Bevölkerung. Innerhalb des Islams bilden die Sunniten den größten Anteil, gefolgt von Aleviten und den Schiiten. 1,1% der Bevölkerung gehören dem Judentum, 2,5% anderen religiösen Gruppierungen und 36% keiner religiösen Gruppierung an (fowid, 2015).

Die Daten über die Aufenthaltsdauer der MigrantInnen belegen, dass Zuwanderung seit Generationen geschieht:

- 81,3% aller Menschen mit Migrationshintergrund sind länger als 9 Jahre in Deutschland, 50,1% länger als 20 Jahre, 14% länger als 40 Jahre. 2,3 Millionen Menschen mit Migrationshintergrund, die früher eine ausländische Staatsangehörigkeit hatten, sind eingebürgert und leben im Schnitt 26,9 Jahre in Deutschland.
- 13,4% der Eheschließungen sind binational. Da in diese Statistik nicht die Definition des Migrationshintergrunds eingeht, genauso wie die im Ausland geschlossenen Ehen unberücksichtigt bleiben, liegt die Zahl der Eheschließungen, in denen mindestens ein Partner einen Migrationshintergrund hat, bei über 20% (Die Beauftragte der Bundesregierung für Migration, Flüchtlinge und Integration, 2015). Die Eheschließungen zwischen Partnern mit Migrationshintergründen sind höher als jene zwischen einem Partner mit Migrationshintergrund und einem ohne Migrationshintergrund.
- 35,5% der Kinder in Deutschland unter fünf Jahren haben einen Migrationshintergrund. Die Bevölkerung mit Migrationshintergrund ist deutlich jünger als die Bevölkerung ohne Migrationshintergrund.
- Geschlechtsspezifische Migrationen schlagen sich im höheren Männeranteil der Migrantengruppen aus Griechen-

land, aus Italien, aus der Türkei und aus Afrika nieder; ein höherer Frauenanteil zeigt sich bei den Migrantengruppen aus Polen, der Russischen Föderation, der Ukraine und Ländern Süd- und Südostasiens.

➢ Das Durchschnittsalter aller Personen mit Migrationshintergrund liegt mit 35 Jahren deutlich unter jenem der Bevölkerung ohne Migrationshintergrund mit 45,9 Jahren. 1,5 Millionen der MigrantInnen sind über 65 Jahre alt. Die Zahl der älteren MigrantInnen wird in den nächsten Jahren kontinuierlich zunehmen. Die Schätzungen für das Jahr 2030 gehen davon aus, dass 15% aller über 65-jährigen Personen einen Migrationshintergrund haben werden.

Die Zuwanderung hat sich nach dem Zweiten Weltkrieg regional sehr unterschiedlich vollzogen. So lebt heute die Mehrzahl der MigrantInnen in den alten Bundesländern.

Die vorgelegten Zahlen lassen allerdings jene unberücksichtigt, die ohne Aufenthaltsstatus – illegal – in Deutschland leben. Sie werden auf über eine Million geschätzt mit ansteigender Tendenz.

Die zwölf Millionen Flüchtlinge und Vertriebene nach dem Zweiten Weltkrieg sind in die Migrationsstatistiken ebenso wenig eingegangen wie die Zahl der Flüchtlinge aus der ehemaligen DDR. Die multiethnische und multikulturelle demografische Wirklichkeit lässt sich schon lange nicht mehr mit den Worten »Deutsche« und »Ausländer« erfassen, auch nicht mehr hinreichend mit der Bezeichnung »mit« oder »ohne Migrationshintergrund«. Wir leben inzwischen in der Pluralität verschiedener, sich unterscheidender und sich durchdringender Kulturen, von Subkulturen und von sozialen Milieus, die über ethnische oder nationale Grenzziehungen längst nicht mehr markiert werden können.

Die Heterogenität und die Diversität der Bevölkerung haben zugenommen, sie haben aber auch jahrelange Tradition. Sie bargen und sie bergen weiterhin große Herausforderungen für die Integration aller Bevölkerungsgruppierungen als gesellschaftliches Anliegen. Sie beinhalten aber auch für die Einzelne/den Einzelnen enorme Herausforderungen an mentaler und psychischer Offenheit, an Flexibilität in der Pflege der eigenen Identität und dem Umgang mit der Identität anderer Menschen.

Zwischen Ausgrenzung und Willkommenskultur – Gesellschaftliche Dynamiken in der Aufnahmegesellschaft

Trotz aller Zuwanderungen und den damit verbundenen demografischen Veränderungen fällt es der Aufnahmegesellschaft in Deutschland immer noch schwer, sich als Einwanderungsland zu definieren und sich dazu zu bekennen. Politische Bekenntnisse zur ethnischen, kulturellen, religiösen Vielfalt in der Gesellschaft als hohes gesellschaftliches Gut stoßen immer noch auf starke Ressentiments und Ablehnung.

Entsprechend werden Aufforderungen zu kultureller Aufgeschlossenheit und Toleranz, Aufforderungen zu respektvollem Umgang mit unterschiedlichen religiösen Orientierungen oft als Verrat an den Werten und Traditionen der deutschen Mehrheitsbevölkerung gewertet. Es gibt ein gesellschaftliches Segment, das sich weigert, die multiethnische, multikulturelle, multisprachliche Wirklichkeit in Deutschland wahrzunehmen und diese Wirklichkeit anzuerkennen.

Dabei erfordert die wachsende Vielfalt an kulturellen und religiösen Orientierungen in Deutschland deutliche Anstrengungen zu einem gedeihlichen interkulturellen und interreligiösen Zusammenleben. Dazu gehören Respekt, Offenheit, Flexibilität, die Fähigkeit, Unterschiede auszuhalten, die Fähigkeit, sich in dieser Vielfalt zu positionieren und zu kommunizieren, sowie die Fähigkeit, die Vielfalt als Bereicherung zu nutzen.

Die politische Vorgabe der kulturellen Öffnung für alle öffentlichen Einrichtungen war ein wichtiger Schritt, Einrichtungen und Behörden migranten- und kultursensibler werden zu lassen und der gesellschaftlichen Pluralität gerecht zu werden. Die vergangenen Jahrzehnte belegen, dass die Nachhaltigkeit der Zuwanderung von Flüchtlingen und Arbeitsmigranten unterschätzt wurde bzw. nicht wahrgenommen werden wollte. Dabei war es offenkundig, dass die Gesellschaft genau auf diese Zuwanderung in wirtschaftlichen und sozialen Entwicklung angewiesen war. Der wirtschaftliche Aufschwung Deutschlands hätte ohne die Arbeitskräfte aus den sogenannten Anwerbestaaten nicht stattfinden können. Dennoch gab es und gibt es bis heute die politische Tendenz, Migrationen primär als begrenzte Phänomene zu bewerten.

Die Benennung der ausländischen Arbeitskräfte aus den Anwerbestaaten der 1960er und 1970er Jahre des vergangenen Jahrhunderts als »Gastarbeiter« diente dem politischen Zweck der Begrenzung, suggerierte eine zeitliche Begrenzung und schuf zusätzlich eine Gesellschaftslüge zum sozialen und gesellschaftlichen Status der Arbeitskräfte als »Gäste«. Die politische Interpretation der Zuwanderung von ausländischen Arbeitskräften hat die gesellschaftliche Öffnung und die strukturelle und soziale Integration der Zuwanderer erschwert und der Benachteiligung im Bildungs- und Ausbildungsbereich, beim Zugang zum Arbeitsmarkt und im Gesundheitsbereich Vorschub geleistet.

Nicht erst wieder durch das starke Ansteigen der Flüchtlingszahlen gibt es Diskriminierung, rassistische und fremdenfeindliche Gewalt, Islamfeindlichkeit und Antisemitismus. Die Zivilgesellschaft und die Politik haben sich in den vergangenen Jahren immer auch mit Ablehnung von MigrantInnen, mit Fremdenfeindlichkeit und rassistischer Gewalt auseinandersetzen müssen. Sie haben es getan, zuweilen engagiert und eindeutig, aber allzu oft nachlässig und bagatellisierend. Die Untersuchungsberichte zu den NSU-Morden haben dies allzu deutlich werden lassen.

Und dennoch lässt sich die Geschichte der Zuwanderung und der Umgang der Aufnahmegesellschaft mit den MigrantInnen nicht nur über Hindernisse, Ablehnung, fremdenfeindliche Diskriminierung und Rassismus beschreiben. Es ist absolut beeindruckend, in welchem Maße Millionen von MigrantInnen sich in Deutschland trotz aller Hindernisse zurechtgefunden und hier mit ihren Familien ihre Heimat gefunden haben.

Obgleich sich die Gesellschaft offiziell noch nicht als Einwanderungsgesellschaft definiert hat, gibt es den dezidierten politischen Willen, Menschen mit Migrationshintergrund an den gesellschaftlichen Gütern voll teilhaben zu lassen, Zugangsgerechtigkeit zu diesen gesellschaftlichen Gütern zu schaffen und Chancengleichheit für alle zu erreichen. Dies gilt als politische Zielsetzung für alle gesellschaftlichen Bereiche wie die Bildung und Ausbildung, den Arbeitsmarkt, den Gesundheitsbereich, die Justiz und die öffentliche Verwaltung.

In der Aufnahmegesellschaft werden diese Integrationsanstrengungen schnell Bestandteil der sozialen und wirtschaftlichen Verteilungskämpfe. Dies wird in der Debatte um die Flüchtlinge sehr deutlich. Das Thema der gerechten Verteilung des Wohlstands und des gerechten Zugangs zu den gesellschaftlichen Ressourcen werden nicht erst seit dem starken Anwachsen der Flüchtlingszahlen zum kontroversen Dauerbrenner.

Dies birgt Spaltpotenziale für den sozialen und politischen Frieden in unserer Gesellschaft. Diese Spaltpotenziale beeinflussen auch die gesellschaftlichen Beziehungen der verschiedenen Bevölkerungsgruppen untereinander, zwischen InländerInnen und AusländerInnen, Menschen mit und ohne Migrationshintergrund, in den unterschiedlichen sozialen, ethnischen und kulturellen Milieus, aber auch die Beziehungen innerhalb der Migrantengruppierungen selbst.

Es bedarf somit weiterhin großer Anstrengungen, diese Zielsetzung einer vollen gesellschaftlichen Partizipation von Menschen mit Migrationshintergrund mit langem Atem durch- und umzusetzen. Das zivilgesellschaftliche Engagement für die Flüchtlinge ist ein eindrucksvoller Beleg für die Offenheit gegenüber MigrantInnen und für die Bereitschaft vieler in unserer Gesellschaft, sich der MigrantInnen anzunehmen und ihre Integration in die Aufnahmegesellschaft zu ermöglichen.

Komplexität und Unzulänglichkeit des Begriffs »interkulturell«

Begegnungssituationen von InländerInnen und AusländerInnen, von Menschen mit unterschiedlichen Migrationshintergründen und ihre Beziehungen werden gemeinhin als interkulturelle Begegnungssituationen beschrieben. »Interkulturell« weist dabei zum einen auf die unterschiedliche kulturelle, ethnische und nationale Herkunft der Beteiligten hin. Diese Beschreibung ist aber gleichzeitig immer auch auf eine konkrete gesellschaftliche Situation – im Einwanderungsland Deutschland – bezogen mit ganz konkreten und besonderen Mehrheits- und Minderheitsverhältnissen, mit bestimmten gesetzlichen Festlegungen zum Status von AusländerInnen und mit ganz konkreten Gesellschaftsdiskursen und -dynamiken der Integration und Ausgrenzung. Der Begriff »interkulturell« beinhaltet damit sowohl kulturelle wie auch gesellschaftliche Verhältnisse. Der Bedeutungsgehalt der gesellschaftlichen Verhältnisse wird im Begriff »interkulturell« jedoch selbst nicht explizit benannt und bleibt ausgeblendet.

Der Begriff »interkulturell« und damit auch die mit diesem Begriff beschriebenen Situationen der Begegnung von Menschen mit unterschiedlichen nationalen, ethnischen und kulturellen Hintergründen ist durch eine Uneindeutigkeit gekennzeichnet, die dazu einlädt, Bedeutungsinhalte aus dem gesellschaftlichen Raum und dem Bereich der kulturellen Diversität zu nivellieren und wichtige Differenzierungen nicht mehr wahrzunehmen. Diese Uneindeutigkeit animiert dazu, gesellschaftliche Konfliktsituationen zu »kulturalisieren« und auf kulturelle Besonderheiten und Unterschiede bestimmter ethnischer Gruppen zu reduzieren. Die gegenwärtige Debatte um Flüchtlinge und Asylsuchende macht die Tragweite der Uneindeutigkeit im Begriff »interkulturell« zum Beispiel in der Diskussion hinsichtlich der interkulturellen Herausforderungen im Zusammenleben von InländerInnen und Flüchtlingen deutlich. Die Herausforderungen werden über den Begriff »interkulturell« auf die Überwindung kultureller Unterschiede und Besonderheiten reduziert; die gesellschaftlichen Verhältnisse um Akzeptanz, Aufnahme, Feindseligkeit, Rassismus gegenüber Menschen mit Migrationshintergrund und die darin liegenden Herausforderungen werden nicht thematisiert.

Auch der Begriff »transkulturell«, der gelegentlich für die Beziehungen zwischen Inländern und Menschen mit Migrationshintergrund benutzt wird, ist von der gleichen Uneindeutigkeit betroffen. Der Gebrauch des Begriffs »international« wirkt gefälliger, ist aber für Beziehungssituationen von Menschen mit oder ohne Migrationshintergrund nicht angemessen, weil es im innerdeutschen Kontext in diesen Beziehungen zumeist nicht nur um die Begegnung von Angehörigen unterschiedlicher Nationen geht.

Die Uneindeutigkeit der Begriffe »interkulturell«, »transkulturell« und »international« führt darüber hinaus zu weiteren Fehleinschätzungen. So wird in der Betonung der kulturellen und nationalen Diversität nicht nur die Wahrnehmung von Gemeinsamkeiten zwischen den kulturellen Orientierungen, sondern darüber hinaus auch der Blick für die Gemeinsamkeiten im Hinblick auf einen gesellschaftlichen Konsens zum Beispiel zu den Grundwerten der Verfassung des Landes und des gesellschaftlichen Zusammenlebens erschwert. Die in den Begriffen »interkulturell«, »transkulturell« und »international« liegenden Einseitigkeiten und Uneindeutigkeiten und die damit einhergehende Überbetonung von Kulturinhalten haben mich dazu bewogen, die Bezeichnung »interkulturelle psychologische Beratung« durch den Begriff »migranten- und kultursensible psychogische Beratung« für die psychologische Beratungsarbeit im Kontext einer multiethnischen Gesellschaft zu ersetzen. Mit der Benennung von Migration wird die gesellschaftliche Bedeutungsdimension in der Arbeit mit Menschen mit unterschiedlichen Migrationshintergründen ebenso gewürdigt wie die kulturelle Diversität und ihre Bedeutung für die Beratungsarbeit.

Gesellschaftliche und kulturelle Befangenheiten in Beziehungen

In den Beziehungen zwischen Menschen unterschiedlicher ethnischer, kultureller und gesellschaftlicher Herkunft wird eine ganze Bandbreite von Faszinationen und Befremdungen erlebt. Sie bilden sich in Wahrnehmungen und im Erleben ab und haben ihre Auswirkungen auch auf das Denken. Diese Befangenheiten werden durch die Unterschiede der Sprachen, der Kulturen, Religionen und der Ethnien ausgelöst.

Aber auch die Zugehörigkeit zu unterschiedlichen gesellschaftlichen Gruppierungen, zu Minderheiten und dem Gros der Mehrheitsbevölkerung wie auch die Zugehörigkeit zu unterschiedlichen soziokulturellen Milieus schafft diese Faszinationen und Befremdungen. Es sind Erlebnisse der Differenz gesellschaftlicher Ungleichheiten und unterschiedlicher kultureller Praxisformen, die sich in diesen Befangenheiten zeigen (vgl. Mecheril & Teo, 1997).

Diese Befangenheiten wurden in den vergangenen Jahrzehnten über den Begriff des Fremden aufgenommen und diskutiert (Kunze, 1988). In dieser Begriffskonstruktion wurde das Fremdheitserleben über die Befangenheit aus der individuellen Lebensgeschichte, aus gesellschaftlich kollektiven Prozessen und im Rahmen der kulturellen Diversität erschlossen.

In den aus der individuellen Lebensgeschichte stammenden Fremdheitsreaktionen spiegeln sich ältere Verhaltensmuster wider, die sich im Lebensprozess des Loslösens aus Vertrautem und Geborgenem gebildet haben, ganz gleich, ob diese Erfahrungen von Angst geprägt worden waren oder zu einem offenen oder wunschgeleiteten Neugierverhalten gehörten. Trennungen von Personen, Dingen, ganzen Lebenssituationen, ob erzwungen, erkämpft oder im freien Orientieren, haben hier ihre Lernspuren hinterlassen. Ereignisse wie Flucht, Emigration, Vertreibung, häufiger Wohnwechsel oder Änderungen von Bezugspersonen prägen die eigene Fremdheitssituation und -reaktion. Diese Reaktionen verbleiben nicht einfach im Kognitiven, sondern sind sehr emotionale, alle Wahrnehmungs- und Empfindungsbereiche berührende Erfahrungen.

Neben dieser in der individuellen Lebensgeschichte liegenden Befangenheit, die das Erleben von und den Umgang mit Fremdheit mitprägt, ist die/der Einzelne zusätzlich auch über ihre/seine (bewusste wie auch unbewusste) Partizipation an kollektiven gesellschaftlichen Prozessen in einer besonderen Befangenheit bezüglich des eigenen Fremdheitserlebens und -verhaltens. Dies gilt sowohl für die Einzelne/den Einzelnen als Mitglied einer Mehrheits- bzw. Minderheitsgruppierung wie auch für ihre/seine soziale Schichtzugehörigkeit. Als Mitglied in einer pluralistischen und von vielseitigsten Gegensätzen bestimmten Gesellschaft ist sie/er auch mit den grundsätzlichen Problemen konfrontiert, die diese Gesellschaft im Hinblick auf das einzelne Mitglied und ihre Minderheiten hat. Besonders in Spannungssituationen partizipiert er bewusst oder auch wenig bewusst an kollektiven Mechanismen der psychischen Konfliktverarbeitung, die in realen wirtschaftlichen, sozialen und politischen Situationen ihren Ausgangspunkt haben.

Unter den kollektiv wirkenden Abwehrmechanismen ist jener der Vorurteilsbildung und des davon ausgehenden Verhaltens der häufigste. Die Funktion von Vorurteilen ist es, die gesellschaftliche Welt wieder erklärbar zu machen, indem für die Bedrohung der Wirklichkeit die Gründe von außen gesucht und gefunden werden. Im Kontext einer von Krisen geprägten Gesellschaft wird dieser Grund sehr häufig in einer Gruppe gesehen, die nicht integriert ist, eine Gruppe, die Züge aufweist, die auf Nicht-Zugehörigkeit oder Fremdheit verweisen (Allport, 1954).

Soziale Vorurteile entstehen nicht dadurch, dass sozial und ökonomisch enttäuschte Menschen in ihrer Angst und Unwissenheit nach dem nächstbesten Aggressionsobjekt greifen, sondern Vorurteile beruhen auf der zwanghaft anmutenden Identifizierung mit der eigenen Gruppe, die wiederum zu kompensatorischen Aggressionen gegen die Anderen, die Fremden führt. Vorurteile sind nicht isoliert, sie gehören zum Bestand einer auf Autorität und sozialer Differenzierung abhebenden Gesellschaft, in der die Tendenzen vorhanden sind, die Welt hierarchisch zu sehen und die Gesellschaft unter Angstdruck in oben und unten, in eigene und fremde Gruppen zu organisieren.

Fremdenhass, zum Beispiel in diesem Kontext, ist immer auch Ausdruck des verzweifelten Versuchs, die Wahrnehmung der eigenen Unfähigkeit, Wertlosigkeit, Schuld des eigenen Selbst zu unterdrücken. In der Vorurteilspraxis gegenüber Migrantengruppierungen – gegenwärtig besonders die Gruppierung der Flüchtlinge – und auch innerhalb der Migrantengruppierungen wird deutlich, dass nicht diese Migrantengruppierungen das alleinige Problem sind, sondern dass sie durch ihre Existenz ungelöste oder schlecht gelöste gesellschaftliche Probleme aufdecken. Das sind zumeist Problemlagen aus mangelnder Integration, mangelnder Chancengleichheit und mangelhafter Zugangsgerechtigkeit zu gesellschaftlichen Gütern. Sie stellen alle Betroffene vor die Aufgabe, sich mit den Konflikten auseinanderzusetzen, die durch Vorurteile und durch Diskriminierung verleugnet werden sollen.

Neben den Befangenheiten im Rahmen der eigenen Lebensgeschichte, neben der Befangenheit aus der (bewussten und unbewussten) Partizipation an kollektiven gesellschaftlichen Prozessen ist die/der Einzelne auch von Befangenheiten geprägt, die aus ihrer/seiner Zugehörigkeit zu einer bestimmten ethnischen Gruppe, zu bestimmten kulturellen Lebensformen, die aus ihrer/seiner Muttersprache und ihrer/seiner religiösen bzw. weltanschaulichen Orientierung stammen.

Auch diese kulturelle Befangenheit führt zu Vorurteilsdenken und -empfinden. Dabei haben Vorurteile die (natürliche) Funktion, die Welt überschaubar und erklärbar zu machen. Kulturelle Vorurteile führen zu eigenen Arten der Befremdung, sei es im Dienst der Neugier und des Erkundens, sei es im Sinne der Angst vor dem bedrohlich Unbekannten. Die Begegnung mit Menschen anderer kultureller Lebensformen, mit anderen Sprachen, birgt die Infragestellung des eigenen Weltbilds mit der davon ausgehenden Unsicherheit, Angst und Sprachlosigkeit in sich.

Je größer die Irritation, je stärker die Beunruhigungen und Verunsicherungen aus diesen Befangenheiten wirken, umso heftiger sind Menschen geneigt, die Welt der Anderen nur mit ihrer eigenen Brille zu sehen. Die Welt wird in diesem Prozess vereinfacht, es kommt zu Lagerbildungen zwischen »die« und »wir«, Differenzierungen werden schnell aufgelöst zugunsten von pauschalen Zuschreibungen. Die »Fremdenrepräsentanz«, die jeder für sich ausbildet, eignet sich dabei zur Projektion der Konflikte im unbewussten Eigenen (Erdheim, 1992). Entsprechend anspruchsvoll, delikat und sensibel gestaltet sich die migranten- und kultursensible Verständigung, in der die Bedeutung und die Würde der jeweiligen Kultur bewahrt bleiben solle. In der Weltkulturgeschichte gibt es genügend Beispiele, in der die gelungenen bzw. misslungenen Begegnungen zwischen Angehörigen unterschiedlicher Kulturen über Krieg oder Frieden entschieden.

Angesichts der immensen gesellschaftlichen Herausforderungen bei der Registrierung, bei der Bearbeitung von Asylanträgen, bei der Unterbringung und Versorgung von Flüchtlingen, angesichts des Ausbruchs von Gewalt in Flüchtlingsunterkünften, angesichts von sexuellen Übergriffen, angesichts feindseliger und rassistisch motivierter Gewalttaten rechtsextremer deutscher Gruppierungen gegenüber Flüchtlingen und angesichts von religiös motivierten Mordanschlägen extremer islamischer Gruppierungen in Deutschland formen sich bei allen Befangenheiten. Einzelne, Paare, Familien und ganze Berufsgruppen stehen ungeachtet ihrer Zugehörigkeit zu einer der gesellschaftlichen, ethnischen, kulturellen und religiösen Gruppierungen vor der Aufgabe, wie sie mit all diesen von der Gesellschaft ausgehenden Erschütterungen umgehen, wie sie diese Erschütterungen aushalten, welche Standpunkte sie in diesen Erschütterungen finden und wie sie dies zum Ausdruck und in einen allgemeinen Dialog bringen können.

Diese Aufgabe ist besonders für all jene bedeutsam, die sich professionell intensiv in Beziehungen mit Ratsuchenden, KlientInnen, PatientInnen begeben und an ihren inneren und äußeren Konflikten arbeiten. Nicht nur in turbulenten gesellschaftlichen Krisen und bei großen Anforderungen einer migranten- und kultursensiblen Arbeitsweise brauchen sie für ihr Arbeiten eine eigene Einsicht, ein Gespür für die eigenen Befangenheiten für die Arbeit mit MigrantInnen aus der eigenen Biografie, aus der eigenen Zugehörigkeit zu einer bestimmten kulturellen, religiösen oder ethnischen Gruppe, aus der eigenen Zugehörigkeit zu einer gesellschaftlichen Mehrheitsgruppierung. Die Einsicht in die eigene Befangenheit und der Umgang mit der eigenen Befangenheit bilden wesentliche Voraussetzungen für helfende Beziehungen.

Erkenntnistheoretische Befangenheiten im Hinblick auf das interkulturelle Verstehen

Die gesellschaftliche Vielfalt, das Zusammenleben zwischen Angehörigen unterschiedlicher Ethnien, Kulturen und sozialer Milieus lassen die bisherigen Zuschreibungen und Festlegungen des Fremden verblassen. Wir sind herausgefordert, unsere Denkweisen und Begrifflichkeiten angesichts der Heterogenität und Vielfalt in unserer Gesellschaft zu hinterfragen. Dazu gehört die Reflexion darüber, wie der andere in unseren Denktraditionen konzeptualisiert ist und diese unsere Denkweisen prägt. Dazu gehört auch, wie unsere Denkweisen im Vergleich der philosophischen Traditionen wahrgenommen werden. Einsichten aus der philosophischen Hermeneutik und der interkulturellen Philosophie mögen dabei helfen.

Aus philosophiegeschichtlicher Sicht lassen sich drei Modelle unterscheiden, wie der andere, der Fremde verstanden wurde und wird. Es sind dies ein Gleichheitsmodell, ein Alteritätsmodell und ein Komplementaritätsmodell (Sundermeier, 1996).

Im Gleichheitsmodell werden alle Menschen als gleich angesehen. In dieses Gleichheitsmodell fließen religiöse Begründungen ein wie die des jüdisch-christlichen Schöpfungsglaubens, nach der jeder Mensch im gleichen Maß nach dem Bilde Gottes geschaffen ist, wie auch alle religiösen und weltanschaulichen Debatten, die in die Formulierung der allgemeinen Menschenrechte eingegangen sind. Die Sicht der Gleichheit der Menschen hat jedoch sehr früh auch zu einer Bagatellisierung bis hin zur Negierung des Fremden im Anderen geführt, insbesondere zu einer tiefen Verkennung der Verstehensfrage auf den Fremden hin und diese auf die bloße Verständigung reduziert. Der Fremde diente nur als Spiegel für die eigene Sicht von Gleichheit. Das Gleichheitsdenken wurde zum Motiv für eine Assimilation der Fremden. Beharrten diese auf das Recht der Unterschiede, war das für die Europäer die Legitimation zur Versklavung und Ausrottung. Dies hat die Begegnungen zwischen den christlichen »Entdeckern« mit den BewohnerInnen der neu »entdeckten« Welt ebenso geprägt wie die missionarischen Beziehungen. Innerhalb dieses Gleichheitsmodells diente die Begegnung letztlich dem Export der eigenen Anschauungen und Werte und der Nichtwahrnehmung, Zurückweisung und Vernichtung vorgefundener Selbstverständnisse und Namensgebungen. Die Namensgebungen der Menschen, Städte und Regionen Afrikas, Lateinamerikas und den USA belegen dies eindrücklich.

Im Alteritätsmodell wird die Andersheit des Anderen respektiert, sie nimmt aber verschiedene Bedeutungen an. So ist der Andere als der unheimliche Fremde, der faszinierend und bedrohlich wirken kann, gedacht. Die Begegnung lebt von dieser Gegensätzlichkeit des Begegnenden mit dem Fremden. Verstehen wäre gefährlich, weil es diese Gegensätzlichkeit minimiert, die der Identität des Begegnenden dient. So muss der Fremde als Feind, wenn er nicht Vertragspartner werden kann, vernichtet werden. Wird der Fremde in diesem Verstehensmodell als Faszinierender erlebt, führt die Faszination gleichzeitig zur Entfremdung von der eigenen Kultur und zum Sprung in ein neues Zuhause. In diesem Modell sind auch helfende Haltungen zu finden, die den Fremden nicht als Fremden suchen, sondern als bedürftiges Gegenüber, das meine Zuwendung braucht. Gleichwertigkeit und Gleichrangigkeit sind hier nicht Ausgangspunkt, sondern es geht um eine Form des Unterwerfens und Herablassens. Dieses Modell lebt von den Extremen der Entfremdung des Anderen im Sinne der Bändigung des Fremden.

Das Komplementaritätsmodell wird für die europäischen Denktraditionen als das vorherrschende Modell für die Begegnung mit dem Fremden beschrieben. Schon die griechische Philosophie hat dem Drang zur Gemeinschaft göttliches Sein zugesprochen. In den Antworten des platonischen Diskurses, in den Intersubjektivitätstheorien der Phänomenologen und auch in der Kommunikationstheorie von Habermas wird davon ausgegangen, dass das Ich ohne den Anderen nicht gedacht werden kann und dass das Selbstbewusstsein ohne gesellschaftlichen Humus nicht entstehen kann. Auch in diesem Modell gibt es Varianten. Der Fremde ist der, der mich ergänzt. In der Sehnsucht nach dem Ganzen wird der Fremde angeeignet, sei es im Kampf, in der dialektischen Auseinandersetzung zwischen Herrn und Knecht bei Hegel oder in der Auflösung der Identität des Anderen in der

Horizontverschmelzung bei Gadamer (Gadamer, 1967). Begegnung dient letztlich der Bereicherung des Ichs bzw. des Selbst.

Oder die Begegnung mit dem Fremden wird als Umweg zu mir gedacht. In dieser Selbstbezüglichkeit dient der andere oder der Fremde nur als Spiegel, er dient als das Du, das das Ich stärkt. Verstehen ist durch die Egozentrik des wahrnehmenden Subjekts gefiltert. Diese Begegnung allerdings verändert den Menschen, trägt einen ethischen Impuls. Schließlich ist in diesem Modell eine Permanenz im Verhalten zum Fremden angedacht, wie in der Dialogik Bubers (Buber, 1923) oder weiter entwickelt in der Sicht der Alterität im Fremden bei Lévinas (Lévinas, 1987).

Noch pointierter werden die erkenntnistheoretischen Befangenheiten dieser Modelle aus der Perspektive einer interkulturellen Philosophie (Mall, 1995) wahrgenommen. Die interkulturelle Philosophie tritt für eine neue postmoderne Interkulturalität im Verstehen ein. Diese Interkulturalität versteht sich als emanzipatorisch, da sie für eine Emanzipation des nichteuropäischen Denkens von seinen Jahrhunderte alten, in Europa entstandenen, einseitigen und unzutreffenden Bildern eintritt, und sie fordert darin eine interkulturell orientierte Philosophiegeschichte. Sie anerkennt einen kognitiven Pluralismus, der nicht erkenntnistheoretisch, sondern auch affektiv und handlungstheoretisch relevant ist. Dieses Verständnis für Pluralität lehnt eine absolutistisch orientierte Identitätsphilosophie ebenso ab wie eine bloße Pluralität, ohne jede auch noch so minimale Verbindlichkeit.

In dieser weltphilosophischen Orientierung wird für eine interkulturelle Hermeneutik plädiert, die von einer reflexiv-meditativen Einstellung und Einsicht getragen ist, dass sich keine philosophische Tradition in den absoluten Status erheben darf. Diese Hermeneutik plädiert für eine erkenntnistheoretische Bescheidenheit und für die Bereitschaft, das Fremde verstehen und vom Fremden verstanden werden zu wollen. Sie steht dem Anliegen der »freien, zwangslosen Verständigung« von Habermas nahe, geht jedoch auch auf Distanz zu dessen Anschauung über die Bedingungen der idealen Sprechgemeinschaft. Sie fordert sowohl die Offenheit für Gemeinsamkeiten, aber gleichzeitig auch eine schmerzliche Selbstdisziplin und Rücksicht auf andere und ein Sich-zurück-nehmen-Können.

Diese interkulturelle Hermeneutik betont das spannungsvolle Nebeneinander wie auch das Füreinander der Kulturen. Diese Hermeneutik bereichert unser Denken um eine Komponente, die sich dem einheitlichen holistischen Ideal des totalen Verstehens nicht fügt und der einheitlichen Ratio das Nichtrationale, das Uneinheitliche, als Komplementäres an die Seite stellt.

> »Diese hermeneutische Orientierung plädiert für eine komparative Philosophie, in der unterschiedliche Denk- und Verhaltensmuster so weit wie möglich unbefangen und vorurteilslos – auch im Sinne Husserls und seiner phänomenologischen Offenheit – angenommen und respektiert werden können, ohne dass eine philosophische Tradition jenseits der Standpunktlosigkeit postiert wird« (Mall, 1995, S. 100).

Diese interkulturelle Hermeneutik liefert in ihrer Betonung der erkenntnistheoretischen Bescheidenheit, in ihrer Anerkennung der »freien, zwanglosen Verständigung«, in ihrer Betonung der Offenheit für Gemeinsamkeiten und ihrer Anregung der schmerzhaften Selbstdisziplin mit der Fähigkeit des Sich-zurücknehmen-Könnens wertvolle Hinweise für konkrete Kommunikation und konkretes Handeln auch im beraterischen Setting im Kontext einer pluralistischen, vielfältigen Gesellschaft.

Ethnologisch-hermeneutische Verstehenszugänge

Diese Kapitelüberschrift greift das ethnologisch-hermeneutische Stufenmodell für das Verstehen des Fremden von Sundermeier

(1996) auf. Er bedient sich dabei eines Denkmodells der buddhistischen Kyoto-Schule, das ursprünglich der Beziehungsstruktur zwischen dem Selbst, der Welt und der Transzendenz diente (Yagi, 1988).

Sundermeiers ethnologisch-hermeneutisches Verstehensmodell für die Begegnung mit dem Fremden geht von der Gleichberechtigung der Kommunikationspartner aus, anerkennt den Kontext des fremden Gesprächspartners, postuliert die Gleichheit auf der Verständigungsebene und beschreibt die Qualität der Betroffenheit, der Identifikation und der Abstandsfindung in diesem Prozess und beinhaltet eine Vision für das Zusammenleben der sich Begegnenden. Es ist ein vierstufiges Modell. Jede Stufe ist dreifach unterteilt und beschreibt einen Verstehensprozess des aus sich Herausgehens, wieder zu sich Einkehrens und eine aktive Teilnahme, die beides wieder miteinander verbindet. Es sind drei Stufen, die in einer horizontalen Bewegung von der einen zur anderen spiralförmig durchschritten werden. Dieser Verstehensprozess ist handlungsorientiert, zielt auf gelingendes Zusammenleben und setzt am Konkreten an.

Sundermeier unterscheidet eine Phänomenebene, eine Zeichenebene, eine Symbolebene und eine Relevanzebene:

Die *Phänomenebene* setzt an der ersten unmittelbaren Fremdheitserfahrung, zwischen aufgebrochener Neugierde und Furcht, an. Das Phänomen des Fremden soll in seiner Andersartigkeit und Fremdheit Geltung behalten. Auf dieser Ebene geht es um eine möglichst wertneutrale Annäherung an den Fremden. Sundermann bezeichnet die dafür hilfreiche Haltung dafür als *epoché*, ein urteilsfreies Interesse an der Urgestalt des Anderen, des Fremden in Anlehnung an die Phänomenologie Husserls. Das, was sich mir zeigt, soll so wahrgenommen werden, wie es ist. Einer sachlichen Wahrnehmung dient dabei die beschreibende Analyse, die sich vom selektiven Blick durch die eigenen Vorurteile dem Fremden gegenüber zugunsten einer Distanz löst, die dem Fremden das Recht belässt, so zu bleiben, wie er ist.

Auf der *Zeichenebene* stellt jede Kultur sich selbst dar. Sie hat Ausdrucksformen, Zeichen der sinnlichen Präsenz, die sie zugleich unterscheiden. Sprache, Gestik, Kleider, Verhaltensregeln sind Zeichen und Grenzzeichen zugleich. Die Art und Weise der Inszenierung des Fremden ist für die Hermeneutik bedeutsam. Auf dieser Ebene der Begegnung geht es um eine Schulung der Fremdwahrnehmung, damit die fremden Zeichen gelesen werden können und Schematisierungen und verfälschende Etikettierungen vermieden werden. Die dafür adäquate Haltung ist die der Sympathie, die vor Vorurteilen, inneren Hemmungen, vorschnellen Vergleichen schützt. Den Zeichen der Anderen mit Sympathie entgegenzutreten heißt, diese als Signale des Andersseins, als Schutzzeichen für beide Seiten zu verstehen, die vor dem Überschreiten der Grenzen bewahren. Diese Haltung erfordert Lernbereitschaft, die Zeichen in ihrem Kontext zu belassen und sie nicht vorschnell von den eigenen Gewohnheiten und Anschauungen zu deuten oder gar zu verallgemeinern. Um dies zu erreichen, ist es notwendig, sich ein Stück in die andere Kultur hineinzubegeben. Verstehen setzt Teilhabe voraus, man muss bereit sein, »sich in einer anderen Kultur zu bewegen, an ihren Festen teilzuhaben, die Speisen zu schmecken, die Gerüche einzuatmen, die Musik und die Rhythmen zu spüren, die Ästhetik auf sich einwirken zu lassen« (Sundermann, 1996, S. 162). Teilnehmen und Beobachten führen zum Verstehen. Es geht um einen wesentlichen Schritt, die Grenze zum Fremden, seiner Kultur, seines Milieus, seiner Religion aus der eigenen heraus zu überschreiten und sich auf das Fremde einzulassen. Dies ist zwangsläufig mit einem Stück Entfremdung von der eigenen Kultur verbunden. In der Begegnung mit dem Fremden bedarf es der Geduld und der Bescheidenheit, bedarf es der Präzision der Beobachtung und der Sensibilität.

Auf der *Symbolebene* als der dritten hermeneutischen Ebene geht es um das Verständnis der Symbolsprache und ihrer Differenzen in den verschiedenen Kulturen. Symbole sind im

Unterschied zu Zeichen vieldeutig, wenn auch nicht beliebig, sie können von verschiedenen Beobachtern unterschiedlich wahrgenommen und interpretiert werden. Es bedarf eines eigenen Lernens, um sich auf die andere Kultur einzulassen, um Symbole und symbolisch geprägtes Handeln in seinem Kontext einzuordnen und zu verstehen. Dieses Lernen erfordert ein besonderes Maß an Sensibilität und Fähigkeit, eine eigene Empathie, sich in jemand anderen hineinzuversetzen. Auf dieser hermeneutischen Stufe geht es um die Bereitschaft, sich ein Stück weit mit der anderen Sichtweise, Kultur und Religion zu identifizieren. Diese Bereitschaft bedarf der Sympathie, des gewogenen Interesses, des Gespürs, im Anderen auf irgendeine Weise etwas Schönes zu finden. Intuitive Fähigkeit ist gefragt, die sich nicht durch Vordergründiges ablenken lässt. Der Fremde muss als Fremder im Verstehensprozess ausgehalten werden. Vergleichende Interpretationen dienen in Abwägung von Differenz und Übereinstimmung einer Annäherung. Vorschnelle Vergleiche können zu Missverständnissen führen.

Zentraler Inhalt der *Relevanzebene* ist der Respekt. Der Respekt ist die Haltung der vierten hermeneutischen Stufe. Respekt zielt auf die Achtung der Würde des Fremden wie auch dessen Ordnung, in der er zu Hause ist. Sie beinhaltet die Anerkennung der Gleichheit und Gleichstellung aller Menschen als kostbares Gut abendländischer Aufklärung, sie beinhaltet aber auch Anerkennung der Differenz spezifischer sich unterscheidender Ordnungen. Anerkennung zielt eher auf die moralisch-rechtliche Seite der Verhältnisbestimmung zum Anderen, Respekt eher auf die subjektiv gefärbte, am Alltäglichen orientierte Verhältnisbestimmung zum Fremden.

In diesem Respekt hat sich das Erstaunen über den Anderen und den Fremden – als Urgrund der Hermeneutik – erhalten. In diesem Erstaunen bleibe ich offen für die Andersheit, Vielfalt, für Dissonanzen. Nähe und Distanz bleiben im Erstaunen in der Waage, fördern Geduld und Aufmerksamkeit und Beteiligung.

Diese Art des Respekts bewahrt vor dem Einbruch des Konkurrenzdenkens auf den Fremden hin.

Verstehen verbleibt nicht im intuitiven Begegnungsraum. Verstehen heißt auch benennen können, es in die eigene Sprache bringen und darin vermitteln. Dies beinhaltet Übersetzungsarbeit und Transfer zu uns hin. Es ist eine Suche nach äquivalenten Wörtern, ähnlichen Strukturen, um wiederzugeben, was in der Begegnung mit dem Fremden empfangen wurde. Übersetzung ist immer auch Interpretation und Reduktion, verdeutlicht jedoch auch, dass Annäherung in diesem Verstehensprozess relativ ist, nie zu Ende kommt, es nie zu einer Verschmelzung im Horizont oder im Konsens kommt. Auch diese hermeneutische Stufe zielt auf Handlung, auf den Aufbau gemeinsamer Wirklichkeiten und auf ein gemeinschaftliches Zusammenleben.

Erkenntnisse aus der ethnologischen Hermeneutik werden in den Konzepten der Ethnoanalyse auf die therapeutische interkulturelle Beziehung übertragen. Die Begegnung von Angehörigen unterschiedlicher Kulturen wird dabei als Prozess beschrieben, in dem die Irritation, die durch das Aufeinandertreffen zweier kultureller Kommunikationsmuster entsteht, »in einen oszillierenden Prozess der empathisch-identifikatorischen Annäherung und des reflexiv abgrenzenden Rückzugs« führt (Nadig, 1996, S. 156). Über die Analyse der Übertragungs- und Gegenübertragungsprozesse werden Erkenntnisse über die interkulturellen Prozesse gewonnen. Sie dient dabei der Erfassung von kulturellen Übergängen, Vermischungen und der Aneignung von Identität im Gesellschaftsraum. Im Rahmen dieses Ansatzes ist es zur Metapher eines dritten Raumes (Bhabha, 1994) bzw. in Weiterentwicklung zum Konstrukt des Übergangsraumes gekommen, in denen die Arbeiten von Winnicott und Bion aufgenommen werden. Die therapeutische Beziehung wird dabei als Übergangsraum gesehen, in dem sich Kreativität, Symbole und Differenz, also Kultur und kulturelle Bedeutungen entwickeln können (Nadig, 2002).

3. Die Konzeption einer migranten- und kultursensiblen psychologischen Beratungsarbeit

Der mühsame Weg zu einer migranten- und kultursensiblen Orientierung

Es gibt in Deutschland seit fast 60 Jahren Erfahrungen in der interkulturellen psychologischen Beratungsarbeit. In dieser interkulturellen Orientierung arbeiteten insbesondere einige muttersprachliche Erziehungsberatungsstellen, aus denen sich im Verlauf der Zeit auch internationale Beratungsstellen entwickelten (Kunze, 2005). Allerdings blieben diese Erfahrungen – trotz einer eigenen Tagungskultur – weitgehend im Windschatten psychologischer Aufmerksamkeit. Der Transfer in die allgemeine psychologische Beratungsarbeit und in ihre Aus- und Fortbildungsstrukturen konnte kaum vollzogen werden. Bis heute sind zum Beispiel die Themen interkultureller Beratungsarbeit in den Ausbildungsgängen zum Ehe-, Familien- und Lebensberater eher marginal verankert; in diesen Ausbildungsgängen finden sich bis heute kaum Teilnehmer aus den Migrantengruppierungen und den ethnischen Minoritäten.

Noch im Jahr 2000 forderte der sechste Familienbericht der Bundesregierung:

> »Familien ausländischer Herkunft brauchen spezifische Formen der Förderung und Beratung, auch in der jeweiligen Muttersprache. Regeldienste der Wohlfahrtsverbände und der Kommunen müssen sich den Familien ausländischer Herkunft öffnen. Hierzu kann beitragen, dass die Institutionen der Migrantenbetreuung und der öffentliche Dienst verstärkt qualifizierte Fachkräfte der zweiten Migrantengeneration einstellen« (BMFSFJ, 2000, S. 219).

Noch verschlossener zeigten sich die ambulanten und stationären psychotherapeutischen Dienste für Menschen ausländischer Herkunft. Es war über Jahre hinweg aussichtslos, zum Beispiel türkische PatientInnen an türkisch sprechende PsychotherapeutInnen (ganz gleich welcher fachlichen Orientierung) zu vermitteln. Aber auch für PatientInnen anderer nationaler, ethnischer und kultureller Herkunft war die psychotherapeutische Versorgungssituation desolat.

In dieser Situation verdichteten sich jahrzehntelange politische und fachpolitische Fehleinschätzungen zur Einwanderungssituation in unserem Land, deren Auswirkungen auf die Infrastruktur im psychosozialen und gesundheitlichen Bereich, entsprechende konzeptionelle Defizite und Fehlentwicklungen in der Fachkräfteausbildung und Personalentwicklung.

Über Jahrzehnte war somit versäumt worden, adäquate Rahmenbedingungen zu schaffen, um den Menschen mit Migrationshintergrund bzw. den Angehörigen von ethnischen Minderheiten den gleichen Zugang zu den gesellschaftlichen Ressourcen in der psychosozialen und psychotherapeutischen Versorgung zu ermöglichen. Zudem war ein Erfahrungstransfer aus anderen Ländern zur Entwicklung migranten- und kultursensibler psychologischer Dienste nicht zustande gekommen. Dabei hatte es in den 1970er Jahren in den Niederlanden eine bemerkenswerte Entwicklung von migranten- und kultursensiblen psychotherapeutischen Zentren gegeben (Eppink, 1986). In Großbritannien gab es in dieser Zeit schon den Versuch, das Thema der interkulturellen Kompetenz für PsychiaterInnen und PsychotherapeutInnen als Postgraduales Studium zu verankern. Beiden Entwicklungen war langfristig jedoch kein Erfolg beschert, weil die sozialpolitische Unterstützung fehlte bzw. diese nach einigen Jahren wieder entzogen wurde.

Interessante Impulse für die interkulturelle Öffnung psychotherapeutischer Arbeit gingen nicht nur von der ethnoanalytischen Arbeitsgruppe um Paul Parin und Mario Erdheim in Zürich aus. Auch die in ethnoanalytischer Tradition von Georges Devereux in Paris arbeitende Gruppe um Marie Rose hat in dieser Hinsicht wichtige Beiträge geliefert.

Etwas anders war die Entwicklung in den USA und Kanada verlaufen. Aufgrund der deklarierten Einwanderungssituation hatte es schon sehr früh Bestrebungen gegeben, psychosoziale und psychotherapeutische Dienste auf Minderheitengruppen hin zu orientieren. Diese Anstrengungen wurden durch die Bürgerrechtsbewegungen in den 1950er Jahren, die Anti-Vietnamkrieg-Bewegung in den 1960er Jahren, die Minderheitenbewegung in den 1970er Jahren und die rapiden demografischen Veränderungen zugunsten der ethnischen Minderheiten in den 1980er Jahren begünstigt.

Schon 1982 hat die amerikanische psychologische Gesellschaft (APA) Richtlinien für die interkulturelle psychologische Beratungsarbeit entwickelt (Pedersen, 1987; Sue, 1990). Das Anliegen der interkulturellen Kompetenz hat sich über kulturelle und linguistische Standards im weiteren Gesundheitsbereich durch das Office of Minority Health in den USA weiter ausgebreitet. Die Veränderung der gesellschaftspolitischen Orientierungen der Regierungsparteien in Richtung einer Einwanderungspolitik, die europäischen Vorgaben zur Bekämpfung von Diskriminierung und Rassismus im Dienstleistungsbereich, die Qualitätssicherungsdebatte im Gesundheitsbereich und neue Vergaberichtlinien von öffentlichen Zuschüssen für den Beratungsbereich zugunsten der Migrantenberatung haben zu neuen Bereitschaften geführt, die Frage der Wirksamkeit und der Kompetenz psychotherapeutischen Arbeitens für Menschen mit Migrationshintergrund neu zu überdenken und nachhaltig zu verbessern.

So hat der Deutsche Arbeitskreis für Jugend-, Ehe- und Familienberatung (DAKJEF) als Kooperationsplattform von fünf Mitgliederverbänden (Bundeskonferenz für Erziehungsberatung e. V., Deutsche Arbeitsgemeinschaft für Jugend- und Eheberatung DAJEB, die evangelische Konferenz für Familien- und Lebensberatung e. V., der Fachverband für Psychologische Beratung und Supervision EKFuL, die Katholische Arbeitsgemeinschaft für Ehe-, Familien- und Lebensberatung, Telefonseelsorge und Offene Tür und Pro familia – Deutsche Gesellschaft für Familienplanung, Sexualpädagogik und Sexualberatung) 2009 fachliche Empfehlungen für eine migranten- und kultursensible institutionelle Beratung veröffentlicht, die die verschiedenen institutionellen Handlungsebenen im Blick hat wie das Leitbild, die Personalentwicklung, die Teamentwicklung, die Fort- und Weiterbildung, die Organisationsabläufe an Beratungsstellen, die Qualitätsmanagementprozesse und die Evaluation und Berichterstattung. Der DAKJEF setzt dabei auf die migranten- und kultursensible Kompetenz der MitarbeiterInnen und plädiert für die Weiterentwicklung der interdisziplinären Teams zu Teams mit unterschiedlichem ethnischen, kulturellen und religiösen bzw. säkularen Hintergrund. In den vergangenen Jahren haben diese Leitlinien Einlass in die Ausbildungsgänge der verschiedenen Mitgliederverbände gefunden, sie sind allerdings in unterschiedlichem Umfang in die Curricula umgesetzt worden. Auch in den Bereichen der ambulanten und klinischen Psychotherapie hat sich die Situation verbessert. Im Kontext der interkulturellen Öffnung kam es ebenfalls in diesen Bereichen zu einer intensiveren Auseinandersetzung mit den Defiziten der psychotherapeutischen und psychiatrischen Versorgung im ambulanten und klinischen Bereich von PatientInnen mit Migrationshintergrund. Diese bestanden ähnlich wie bei den psychologischen Beratungsstellen in der geringeren Inanspruchnahme der psychotherapeutischen Dienste durch PatientInnen mit Migrationshintergrund und im Scheitern von psychotherapeutischen Behandlungen. Auch verhinderten Sprachbarrieren, kulturell divergierende Krankheitskonzepte und die Unsicherheit der deutschen BehandlerInnen im Umgang mit Menschen mit Migrationshintergrund erfolgreiche psychotherapeutische Behandlungen.

Die Sonnenberger Leitlinien zur interkulturellen Öffnung der psychiatrisch-psychotherapeutischen Versorgung von MigrantInnen in Deutschland (Machleidt, 2002) belegen das Umdenken und die Anstrengungen in der Umsetzung der interkulturellen Öffnung, ebenso wie die Essener Leitlinien zur Interkulturellen Psychotherapie (Erim, 2011). Ein weiterer wichtiger Schritt in dieser Entwicklung war die Erarbeitung von Leitlinien für Trainings inter-/transkultureller Kompetenzen in der Aus-, Fort- und Weiterbildung von PsychotherapeutInnen (Mösko & von Lersner, 2012).

Zugenommen hat die Anzahl muttersprachlicher approbierter PsychotherapeutInnen in den Sprachen der größten Migrantengruppierungen und auch in den stationären Einrichtungen finden sich zunehmend mehr PsychotherapeutInnen und PsychiaterInnen mit Migrationshintergrund, die mehrsprachig ihre Dienste leisten. Dennoch gibt es noch massive Defizite bei muttersprachlichen PsychotherapeutInnen in den gängigsten Sprachen der großen Migrantengruppierungen sowohl im ambulanten wie auch im klinischen Bereich.

In die noch unbefriedigende Situation der Bereitstellung von adäquaten psychologischen und psychotherapeutischen Beratungsmöglichkeiten für Menschen mit Migrationshintergrund fließen die Auswirkungen der Theorembildungen zum Thema MigrantInnen und psychologische Beratungen ein. Diese bestanden vor 40 Jahren noch in Defizittheoremen, in denen den MigrantInnen mit den unterschiedlichsten Begründungen die Fähigkeit zur psychologischen Beratung abgesprochen wurde. In den 1980er Jahren wurde dann über das Migrations-Stress-Paradigma postuliert, dass der Vorgang der Migration als solcher krankmachend sei. Dieser Diskurs wurde ob seiner deterministischen Ausprägung bald als »Elendsdiskurs« kritisiert.

Es folgte in den 1990er Jahren das »Kulturdifferenztherorem«, dem zufolge MigrantInnen in einen Wertekonflikt zwischen den Orientierungen der Aufnahmegesellschaft und jenen der Herkunftsgesellschaft kommen. Auch dieses Theorem erfährt zunehmend Skepsis. Die darin angelegte Kulturalisierung von intrapsychischen und interindividuellen Konflikten wird eher kritisch gesehen, genauso wie die in Kulturalismustheoremen angelegte subtile Infragestellung von Grundhaltungen aller Therapieschulen, wie die psychoanalytische Abstinenz, das kognitiv-verhaltenstherapeutische Primat der Problemdefinition durch Selbstbeobachtung der Patientin bzw. des Patienten und die systemische Auftragsklärung und Lösungsorientierung.

Die gegenwärtige Diskussion um das Thema psychologische Beratung mit MigrantInnen bemüht sich hingegen um eine sensiblere Abwägung der Auswirkungen von kulturellen Hintergründen und die sensiblere Abwägung der Auswirkungen des gesellschaftlichen Kontextes und den dort stattfindenden Diskursen bezüglich MigrantInnen auf die jeweilige Beratende-Ratsuchende-Beziehung. Dabei wird sowohl die Sensibilität der Beratenden für die kulturellen und gesellschaftlichen Hintergründe betont, wie auch eine eigene Standpunktfähigkeit der Beratenden gefordert.

Es geht dabei um den Umgang der kulturellen, der gesellschaftlichen und der erkenntnistheoretischen Befangenheiten seitens der Beratenden und um die Berücksichtigung der Einsichten aus dem ethnologisch-hermeneutischen Verstehensmodell innerhalb einer Konzeption von migranten- und kultursensibler psychologischer Beratungsarbeit.

Verständnisfolien einer migranten- und kultursensiblen psychologischen Beratung

Die psychologische Beratungsarbeit, wie sie sich in den vergangenen Jahrzehnten an Psychologischen Beratungsstellen in kirchlicher Trägerschaft entwickelt hat, hat zu einem eigenständigen beraterisch-therapeutischen Ansatz auf der Grundlage der Humanwissenschaften geführt, der sich von anderen Formen der Beratung, der Sozialarbeit, der Sozialpädagogik und der verfassten Psychotherapie unterscheidet. Es handelt sich um ein Beratungsverständnis, das sich einer ganzheitlichen Sicht der innerpsychischen wie auch der soziokulturellen Situation des jeweiligen Ratsuchenden verpflichtet sieht.

Psychologische Beratung selbst beinhaltet dabei eine Bandbreite beraterischen Könnens mit den unterschiedlichen Methoden des Anhörens, Befragens, Veranschaulichens und Informierens mit dem Ziel der Aufdeckung von Konflikthaltungen und der direkten psychotherapeutischen Arbeit an psychischen Entwicklungen und Verhaltensänderungen. Sie wird so als eine psychologisch-fachliche Begleitung von Veränderungsprozessen, von Krisen und Blockaden sowie von Entwicklungen verstanden, mit denen Menschen sich im Alltag auseinandersetzen. Dabei ist die Auseinandersetzung zwischen Ratsuchenden und Beratenden von »Angesicht zu Angesicht«, ihre »Begegnung« das wesentliche Element im beraterischen Prozess. Sie weiß aber auch von der Einzigartigkeit und Unverfügbarkeit des Anderen in der Beratungsarbeit. Psychologische Beratung hat den Charakter eines klärenden Dialogs, auf dem der im Gespräch erarbeitete Konsens in der Problembewältigung beruht.

In einer migranten- und kultursensiblen Weiterentwicklung

dieses Beratungsverständnisses wurde eine mehrdimensionale Sicht- und Vorgehensweise für die genannten Konfliktsituationen der Ratsuchenden entwickelt, die

- die lebensgeschichtliche psychologische Perspektive erfasst,
- eine kulturelle Bedeutungsanalyse der vorgebrachten Konfliktsituation und der Arbeitssituation mit der/dem Beratenden vornimmt,
- die gegenwärtige gesellschaftliche Situation mit der von ihr ausgehenden Bedeutung für das Konflikterleben der/des Ratsuchenden und der Beziehung zwischen Ratsuchenden und Beratenden zu erfassen sucht.

Die gegenwärtige gesellschaftliche Debatte um Flüchtlinge zeigt, wie bedeutsam und mächtig der gesellschaftliche Kontext für die Beziehungsgestaltung mit Menschen mit Migrationshintergrund ist. Die Analyse dieses gesellschaftlichen Kontextes hat sich in den vergangenen Jahren als sehr hilfreich für die Analyse der Beziehung zwischen Ratsuchenden und Beratenden herausgestellt, in der ein Migrationshintergrund zumindest von einem der beiden vorhanden ist (Kunze, 1998, 2005; Oetker-Funk & Maurer, 2009). Die in der Gesellschaft auftretenden Dynamiken von Ablehnung, Feindseligkeit, Rassismus auf der einen und dem Willkommen und der Integrationsbereitschaft auf der anderen Seite sind über eine kultursensible Herangehensweise nur ungenügend zu erfassen und zu verstehen. Gerade die gegenwärtige politische Auseinandersetzung in Deutschland um die Flüchtlinge macht deutlich, dass der politische Kontext der Beziehung von InländerInnen und AusländerInnen, von Menschen mit und ohne Migrationshintergrund wie auch unterschiedlichen Migrationshintergründen massiv auf die Arbeitsbeziehungen in der psychologischen Beratung einwirken.

Insofern geht die hier vorgestellte Konzeption über die Ansätze hinaus, die transkulturelle, kulturelle, individuell-persönliche und intersubjektive Übertragungs- und Gegenübertragungsperspektive unterscheiden, da diese Konzeption den gesellschaftlichen Kontext ausdrücklich in die intersubjektive Übertragungs- und Gegenübertragungsperspektive einbezieht. Innerhalb dieses konzeptionellen Verständnisses (es gibt verschiedene Verständnisfolien für die unterschiedlichen Bedeutungskontexte in Beziehungen) wird davon ausgegangen, dass sich durch die Beziehung von Ratsuchenden (als Einzelnem, als Paar oder Familie) und Beratenden Prozesse zeigen, die sowohl förderlich als auch destruktiv sind. Diese Prozesse machen deutlich, wie die/der Ratsuchende aufgrund des Zusammenspiels von Lebensgeschichte, kultureller (als auch religiöser) Entwicklung und gesellschaftlicher Situation in Konflikt gerät bzw. welche Wirkung dieses Zusammenspiel auf die/den BeraterIn hat. Die Erfassung und Berücksichtigung von lebensgeschichtlicher, kultureller und gesellschaftlicher Situation für den Beratungsprozess bilden den Ausgangspunkt der migranten- und kultursensiblen psychologischen Beratungsarbeit.

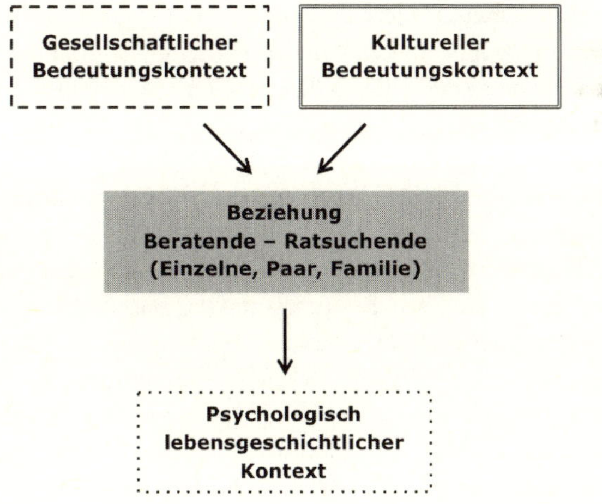

Der psychologische Bedeutungskontext – Die erste Verständnisfolie

Im psychologischen Bedeutungskontext geht es um das tiefenpsychologische, verhaltenstherapeutische, systemische Verständnis von Beratung und die Anwendung dieses Verständnisses in der Beziehung zwischen Beratenden und Ratsuchenden und in der Konfliktbearbeitung. Die Beratenden gehen mit einer »psychologischen Gestimmtheit« in den Beratungsprozess mit dem Ratsuchenden, in der sie sich von ihrem psychologischen Wissen, ihrer psychologischen professionellen Wahrnehmung und Berührbarkeit getragen sehen. In dieser psychologischen Gestimmtheit gehen die Beratenden mit den im Beratungsprozess auftretenden »Befremdungen« im Wahrnehmen von Widerständen, Übertragungen und Gegenübertragungen um; sie bewerten und benennen sie im Rahmen ihrer psychologischen Plausibilität.

In der Arbeit mit Menschen mit Migrationshintergrund, in der es Unterschiede in der ethnischen, kulturellen, religiösen und sozialen Zugehörigkeit von Ratsuchenden und Beratenden gibt bzw. Unterschiede in der Zugehörigkeit zu gesellschaftlicher Mehrheitsgruppe und zu Minderheitengruppierungen, werden die Beratenden mit »Befremdungen« konfrontiert, die kulturelle und gesellschaftliche Plausibilitäten erhalten, die es ihnen erschweren, die eigentliche psychologische Plausibilität zu erfassen. Sie erleben dies als bedeutsame Klippen für ihre psychologische Professionalität.

Der psychologische Verstehens- und Verständigungsprozess in dieser heterogenen Beratungssituation geschieht deshalb in mehreren Verständnisschritten, in denen zunehmend auch die kulturellen und gesellschaftlichen Bedeutungen der Konfliktschilderung in die Beziehung von Ratsuchenden und Beratenden einbezogen werden und auf ihre psychologische Relevanz geprüft werden. Die Beratenden können sich dabei nicht auf eine psychologische Metatheorie stützen, die die im Beratungsprozess auftretenden »Befremdungen« integriert, sondern sind darauf angewiesen, sich sowohl in eine kulturelle Dimension des Verstehens zu begeben, als auch sich die Auswirkungen gesellschaftlicher Zustände und Zuschreibungen für diesen interkulturellen, interethnischen, interreligiösen Beratungskontakt und den darin behandelten Konflikten zu vergegenwärtigen. Diese mehrdimensionale Befassung ermöglicht es, die eigentliche psychologische Relevanz in den aufgetretenen Befremdungserfahrungen im Beratungsprozess zu erkennen und zu nutzen. Die kulturelle Sensibilität und die gesellschaftliche Sensibilität in der psychologischen Arbeit helfen, sowohl Herausforderungen durch kulturelle Verschiedenheiten und durch gesellschaftliche Zustände zu erfassen und in ihren Wirkungen auf Ratsuchende und Beratende einzuschätzen, als auch die in den unterschiedlichen Kontexten liegenden Ressourcen für die psychologische Beratungsarbeit und die daran Beteiligten zu erkennen und zu fördern.

Fragerichtungen zur Erhebung des psychologischen Bedeutungskontextes

Zur Erhebung des psychologischen Bedeutungskontextes in einer konkreten Beratungssituation gehört

- die Erhebung der psychosexuellen Entwicklung der/des Ratsuchenden,
- die Erfassung der Psychodynamik der Beziehung zwischen Ratsuchenden und Beratenden,
- das Aufspüren der Angst- und Aggressionsmuster der/des Ratsuchenden,
- die Erfassung ihrer Anerkennungs- und Bestrafungsmuster,
- die Erhebung der Beziehungskonstellationen, in denen die Ratsuchenden leben,
- die Einschätzung, wie rigide oder wie flexibel diese Systeme sind,

- die Einschätzung der psychologischen Bedeutung von Migration für die Ratsuchende bzw. den Ratsuchenden,
- das Gespür für die psychologische Bedeutung der sprachlichen Situation in der Beratung, wenn in dieser nicht in der gleichen Muttersprache gesprochen werden kann bzw. mit DolmetscherInnen gearbeitet werden muss, sowie
- die Erfassung von Übertragung und Gegenübertragung im Kontext der individuell-persönlichen Lebensgeschichte.

Der kulturelle Bedeutungskontext – Die zweite Verständnisfolie

Es ist offensichtlich, dass es über die verschiedensten Migrationen und über die Globalisierungsvorgänge zu einer stetigen Zunahme kultureller Vielfalt bei uns – wie auch weltweit – gekommen ist. Dies betrifft die unerschöpflichen Varianten kultureller Unterschiede und kultureller Vielfalt, wie sie in den Begegnungen zwischen den hier lebenden Menschen spürbar werden. Diese Kulturmelange wird auch in den Einzelbiografien der hier lebenden Menschen deutlich.

Die kulturelle Vielfalt lebt vom Erleben der kulturellen Differenz. Es ist ein Erleben, dass im Erstaunen, in der Neugierde, im Befremden und im Vermeiden, in Unsicherheit ob des Anderen für den Einzelnen spürbar wird. In dieses Erleben fließen die sinnlichen Wahrnehmungen des Schauens, Hörens, Riechens, Schmeckens und Berührens genauso ein wie die eigenen Bilder, Trugbilder, Urteile und Vorurteile über das, was kulturell mir beim anderen anders erscheint, und die Befangenheiten der jeweiligen Situation. Die Begegnung mit der/dem kulturell Anderen ist kulturelle Fremderfahrung und kulturelle Selbsterfahrung zugleich. Die Berücksichtigung von Kultur in der psychologischen Beratung äußert sich in dem Bemühen, die erfahrenen Unterschiede beschreibbar zu machen, diese Unterschiede Merkmalen oder Dimensionen zuzuordnen und zu verstehen und darüber ins Gespräch zu kommen.

Im kulturellen Verstehen und Verständigen geht es immer auch um die je eigenen kulturellen Standpunkte, um deren Grenzen und um die versuchsweise Infragestellung derselben zur Erfassung des anderen kulturellen Standpunktes. Dieser Verstehensprozess wird durch eine gewisse Vertrautheit mit den markanten ethnologischen und kultursoziologischen Untersuchungen zu Kultur, zu kulturellen Unterschieden und den wichtigsten Wertorientierungen gefördert.

Kulturelles Verstehen basiert auf der grundsätzlichen Anerkennung der pluralen kulturellen Situation. Dazu gehört auch ein Verständnis für die kulturellen Befangenheiten in psychologischen Modellen wie auch ein Verständnis für die universalen Gemeinsamkeiten. Die Befassung mit kulturellen Kontexten weiß darüber hinaus um die Konstrukthaftigkeit des Begriffs »Kultur«, seine Geschichte und die Möglichkeiten des Gebrauchs und Missbrauchs für die Beziehungsgestaltung. Dieser Missbrauch ist durch klassifizierende kulturelle Zuschreibungen gegeben, in der Überlegenheiten und Unterlegenheiten von Gruppen und Völkern festgeschrieben werden, um damit die Eroberung, die Ausbeutung und die Missionierung anderer Kulturen und deren Gesellschaften zu legitimieren.

Ausgehend von einer multiethnischen und multikulturellen Situation wird Kultur als Set von ethnografischen Variablen (ethnische Zugehörigkeit, Nationalität, Religion, Sprache), demografischen Variablen (Alter, Geschlecht, Wohnort), Statusvariablen (soziale und ökonomische Stellung, Bildungsstand) und Zugehörigkeitsvariablen (Familie, Organisationen, Lebensstil) beschrieben (Pederson, 1994, S. 229). In dieser Definitionssicht hat jeder Mensch eine Vielzahl von kulturellen Ausprägungen, die sich je nach zeitlichen, örtlichen und sozialen Gegebenheiten jeweils zum Ausdruck bringen. Diese multikulturelle Sicht betont sowohl die kulturellen Ausprägungen, die zu Unterscheidungen von anderen führen, wie auch die kulturellen Merkmale, die gleichzeitig miteinander verbinden.

Für die Erfassung von kulturellen Unterschieden können Zuordnungsschemata hilfreich sein, die Verhaltensdimensionen in ihren unterschiedlichen kulturellen Ausprägungen beschreiben (Kroeber & Kluckhohn, 1952).

Dimension	**Wertorientierungen**		
1. Zeitfokus Was ist der zeitliche Fokus menschlichen Lebens?	**Vergangenheit** Das Vergangene ist wichtig. Lerne aus der Geschichte!	**Gegenwart** Der Augenblick ist alles. Sorge dich nicht um morgen!	**Zukunft** Plan für die Zukunft. Opfere dich heute für ein besseres Morgen!
2. Menschliche Aktivität Was ist die Weise menschlicher Aktivität?	**Sein** Es ist genug, einfach zu sein!	**Sein, um zu werden** Unser Ziel ist es, im Leben unser inneres Selbst zu entwickeln.	**Aktivität** Sei aktiv! Arbeite hart und deine Anstrengungen werden belohnt.
3. Soziale Beziehungen Wie sind menschliche Beziehungen definiert?	**Linear** Beziehungen sind vertikal. Es gibt jene, die den Ton angeben, und jene, die diesen befolgen.	**Gemeinschaftsbezogen** Bei Konflikten sollten wir Freunde und Familie konsultieren.	**Individualistisch** Die individuelle Autonomie ist wichtig. Wir nehmen unser Schicksal in die Hand.

Einen sehr guten Zugang zu Unterschieden in Wertorientierungen bieten auch die Arbeiten von Gert Hofstede (2006), der fünf Dimensionen beschreibt, in denen sich Nationen und Kulturen weltweit unterscheiden. Es sind Unterschiede im Umgang mit Autorität (Machtdistanz), Unterschiede in der Zuordnung zu kollektivistischen und individualistischen Orientierungen, Unterschiede in der Vorstellung von Maskulinität und Feminität, Unterschiede in der Art und Weise, mit Konflikten umzugehen, und Unterschiede bezüglich langfristiger und kurzfristiger Orientierungen.

In der konkreten Beratungssituation mit Menschen anderer

kultureller Herkunft geht es darum, über Fragen zu verschiedenen Kulturaspekten den Bedeutungskontext von Kultur für die Beratungsarbeit zu erfassen. Diese Fragen zielen auf die Erhebung der kulturellen Lebensform, der sprachlichen Situation und auf das kulturelle Selbstverständnis des Ratsuchenden, sie widmen sich den kulturellen Prozessen, in die die/der MigrantIn über die Migration im Aufenthaltsland geraten ist, sie erheben die kulturellen Entbehrungen und erfassen die Auswirkungen der kulturellen Prozesse.

Der Klärungsprozess des kulturellen Bedeutungskontextes bedarf dabei seitens der/des Beratenden einer eigenen Anstrengung, kulturelle Unterschiede auch in ihrem kränkenden Charakter zuzulassen und auszuhalten. Dies wird durch die Ambiguitätstoleranz der/des Beratenden gefördert.

Fragerichtungen zur Erhebung des kulturellen Bedeutungskontextes

Kulturelles Selbstverständnis und kulturelle Lebensform

- Welche Sprachen werden gesprochen, welche Sprache ist für wen Muttersprache, Vatersprache oder Fremdsprache?
- Welche religiösen und weltanschaulichen Verwurzelungen gibt es und welche Bedeutung haben sie gegenwärtig?
- Welche Wertorientierungen gibt es für Familie, Ehe und soziale Beziehungen?
- Welche kulturellen Bedeutungen gibt es für helfende und heilende Beziehungen?
- Welche kulturellen Bedeutungen, Bilder, Chiffren gibt es für Wohlbefinden, körperliche Beschwerden und psychisches Leiden?
- Wie ist die Zeitorientierung? Vergangenheitsbezogen, gegenwartsbezogen, zukunftsbezogen?

Kulturelle Prozesse und kulturelle Veränderungen

- Welche Sprachen werden gesprochen?
- Gibt es Kontakte zu Angehörigen oder Freunden der gleichen kulturellen Lebensform?
- Wie intensiv sind die Kontakte zum Herkunftsland und zur Herkunftskultur?
- Wie sind die Kontakte zur inländischen Bevölkerung und wie werden die kulturellen Kontakte bewertet?
- Wie stark sind die Kontakte zu anderen ethnischen und kulturellen Gruppen und wie werden diese Kontakte bewertet?
- Welche kulturellen Entbehrungen gibt es?

Kulturelle Entbehrungen

- Was wird vermisst?

Kulturelle Unterschiede und ihre Auswirkungen

- Welche kulturellen Unterschiede werden wahrgenommen und wie wirken sie auf Ratsuchende und auf Beratende?
- Welche kulturellen Merkmale beim Anderen werden als besonders anstrengend, befremdend, verunsichernd erlebt?
- Welches kulturelle Verhalten wurde als schockierend erlebt?
- Erfassung von Übertragung und Gegenübertragung infolge von Befremdungen aus dem kulturellen Kontext

Der gesellschaftliche Bedeutungskontext – Die dritte Verständnisfolie

Migration beinhaltet für die MigrantInnen nicht nur den Wechsel von einem Ort an einen anderen, sondern auch den Wechsel von einer Gesellschaft zu einer anderen. Dies erfordert für die Betroffenen einen anspruchsvollen Anpassungsprozess und einen lebenslangen Lernprozess.

Die psychologische Beratungsarbeit mit MigrantInnen bedarf eigener Anstrengungen, um die gesellschaftliche Situation der MigrantInnen in ihren gesellschaftlichen Anpassungsprozessen und den dabei gemachten Erfahrungen zu erfassen. Diese beinhalten seitens der MigrantInnen Empfindungen und Reaktionen von Neugier, Offenheit, erfolgreiches Improvisieren und Experimentieren einerseits und Unsicherheit, Angst, Ohnmacht, Resignation, Wut andererseits. Diese Empfindungen und Reaktionen gestalten sich je nach Migrationsstadien unterschiedlich, sind abhängig von den gesellschaftlichen Teilhabe- und Willkommenserfahrungen der MigrantInnen und den gesellschaftlichen Ausgrenzungs- und Ablehnungserfahrungen.

Die psychologische Beratungsarbeit mit Menschen, die einen Migrationshintergrund haben, benötigt die Berücksichtigung der gesellschaftlichen Situation und der von ihr ausgehenden Befangenheiten für alle, die an einer psychologischen Beratungssituation beteiligt sind. Die Untersuchungen zu Migrationsstadien (Sluzki, 2001) und den psychischen Begleitphänomenen dieser Stadien (L. Grinberg & R. Grinberg, 1990) haben für die Einschätzung des gesellschaftlichen Bedeutungskontextes wertvolle Hinweise geliefert. Sluzki unterscheidet fünf Migrationsphasen: die Vorbereitungsphase der Migration, den tatsächlichen Migrationsvorgang, die Phase der Überkompensierung in der ersten Orientierung, schließlich die konflikthafte Phase der Orientierung und Aufarbeitung der gesellschaftlichen Erfahrung und schließlich einen generationenübergreifenden Anpassungsprozess. Im gesamten Migrationsprozess geht es im Hinblick auf die Aufnahmegesellschaft primär um die Erfahrungen der Migrantin bzw. des Migranten, um die Teilhabe und Partizipation von gesellschaftlichen Dienstleistungen und Gütern bzw. um ihre/seine Erfahrungen der Versagung dieser Güter durch Ausgrenzungs- und Ablehnungserfahrungen in Einrichtungen und über Einzelne und Gruppen dieser Aufnahmegesellschaft. Die sich reaktiv aus diesen Erfahrungen ergebenden Verhaltensreaktionen und Emotionen gilt es bei MigrantInnen zu erkennen, anzuerkennen und zu bearbeiten. Ansätze für diese Arbeit liegen in den Ansätzen und Strategien des »social empowerment« (Rappaport & Swift, 1984; Herringer, 2014), die an den Ressourcen und Fähigkeiten der MigrantInnen ansetzen. Leider geht im Modell von Sluzki die gesellschaftliche Perspektive ohne Trennschärfe zu schnell in eine Kulturperspektive über und trägt damit zur »Kulturalisierung« von sozialen gesellschaftlichen Konflikten um MigrantInnen bei. Die Ansätze von León und Rebeca Grinberg (1990) pathologisieren zu schnell die psychischen Reaktionsformen auf gesellschaftliche Ausgrenzungserfahrungen. Die Ansätze der Empowerment-Strategien stärken dagegen die Selbstbehauptungskräfte der einzelnen Migrantin bzw. des einzelnen Migranten und setzen neben dem solidarischen Beistand auch auf die politischen und juristischen Interventionen zur Beseitigung von Barrieren, um den MigrantInnen eine bessere gesellschaftliche Teilhabe zu ermöglichen.

Die Berücksichtigung des gesellschaftlichen Kontextes geschieht in einem Klärungsprozess zwischen Beratenden und Ratsuchenden zu verschiedenen Fragekomplexen. Dazu gehört die Erfassung der Migrationsgeschichte, die gesellschaftliche Stellung der Migrantin bzw. des Migranten im Aufenthaltsland, die gesellschaftliche Stellung im Herkunftsland, die Auswirkungen der gesellschaftlichen Situation auf Emotionen und Verhalten der/des Ratsuchenden. Die/Der Beratende wird in diesem Klärungsprozess auch mit ihren/seinen eigenen Sichtweisen von Migration konfrontiert und damit mit ihren/seinen eigenen Befangenheiten durch ihre/seine Zugehörigkeit zu bestimmten gesellschaftlichen Gruppierungen. Die hier auftretenden Übertragungs- und Gegenübertragungsreaktionen müssen in ihrem gesellschaftlichen Kontext von den Beratenden verstanden und thematisiert werden und nicht vorschnell auf die kulturelle Differenz der Beteiligten oder psychische Reaktionen im Rahmen der jeweiligen Familienbiografie bezogen werden. In diesem Klärungsprozess entstehen neue Konstruktionen von Gesellschaft oder es werden alte wiederbelebt.

Eine Beratungssituation mit MigrantInnen ist immer auch eine Begegnung mit der Geschichte der Völker, aus denen die Ratsuchenden und die Beratenden stammen. Sie ist eine Begegnung mit einer Geschichte oftmals von Gewalt, Ausbeutung, Conquista, Unterdrückung, Holocaust und Ethnozid, eine Geschichte mit Tätern und Opfern und ihren Nachkommen. Die Schatten dieser Befangenheit reichen in die Beratungsarbeit hinein.

In der Beratungsarbeit mit MigrantInnen gibt es keinen neutralen gesellschaftlichen Raum. Auftretende »Befremdungen« durch unterschiedliche gesellschaftliche Erfahrungen und Positionierungen von Beratenden und Ratsuchenden brauchen die Verständigung über die jeweilige Position und die Wahrnehmung und den Umgang mit der je eigenen Befangenheit darin.

Die Brisanz in den gesellschaftlichen Beziehungen liegt darin, dass durch die Zugehörigkeit seitens der Beratenden und der Ratsuchenden zu Mehrheits- und zu Minderheitengruppierungen – auch unabhängig von der individuellen persönlichen Sicht der Beteiligten – das Thema der gesellschaftlichen Ungleichheit und ihrer Geschichte für die Beteiligten mit gegeben ist, unabhängig davon, wie bewusst sie diese wahrnehmen und wie sie sich innerhalb der gesellschaftlichen Ungleichheiten ideell und im Handeln positionieren möchten.

Fragerichtungen zur Erhebung des gesellschaftlichen Bedeutungskontextes

Thematisierung von Migration

- ➢ Was war der Anlass der Migration?
- ➢ Was waren die Begleitumstände der Migration?
- ➢ Was war das Ziel der Migration?

- Welche Zielveränderungen haben während der Migration stattgefunden?
- Wie wird die Zukunft der Migration vorgestellt?

Gesellschaftliche Stellung im Aufenthaltsland

- Wie fremd, wie vertraut wird das Aufenthaltsland erlebt?
- Welche Erfahrungen gibt es zur Aus- und Weiterbildung und im beruflichen Arbeitsleben?
- Wie sind die Erfahrungen mit staatlichen Einrichtungen (Schule, Jugendamt, Sozialamt, Ausländerbehörde, Gemeindeverwaltung)?
- Wie sind die Erfahrungen im Gesundheitswesen?
- Wie ist das wohnliche Umfeld?
- Wie werden die Teilhabeerfahrungen in der Gesellschaft bewertet?
- Welche Erfahrungen gibt es mit Diskriminierung und Rassismus?

Gesellschaftliche Stellung im Herkunftsland

- Wie waren die Erfahrungen mit den Behörden?
- Welche Erfahrungen gab es im dortigen Gesundheitswesen?
- Welche Erfahrungen gab es in Aus- und Weiterbildung und im beruflichen Arbeitsleben?
- Welche Mehrheiten- und Minderheitensituationen gibt es im Herkunftsland und zu welcher Gruppierung gehöre ich?
- In welchem wohnlichen Umfeld wurde gelebt?

Auswirkung des gesellschaftlichen Kontextes auf Emotionen und Verhalten

- Welche emotionalen Auswirkungen hat der gesellschaftliche Kontext für die am Beratungsprozess Beteiligten?

- Wie sind die Übertragungs- und Gegenübertragungsreaktionen aus dem gesellschaftlichen Kontext für Beratende und Ratsuchende einzuschätzen?
- Welche Resilienzkräfte wurden im gesellschaftlichen Kontext gebildet?
- Wie ist die psychologische Einschätzung der Auswirkungen des gesellschaftlichen Kontextes auf die im Beratungsprozess Beteiligten?

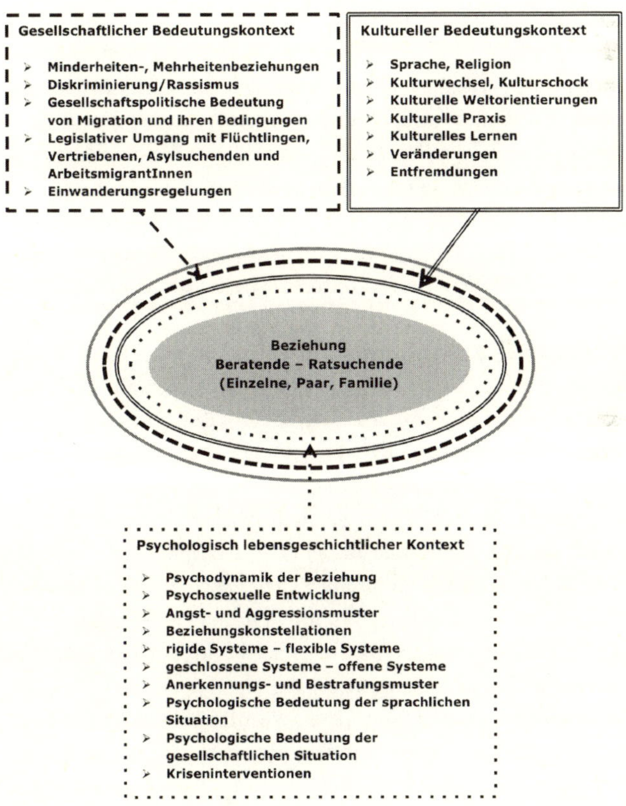

Die Arbeit und der Umgang mit den Verständnisfolien

Diese Verständnisfolien sind Konstruktionen, die Fragerichtungen eröffnen, um ausgeblendete Bereiche der Wirklichkeiten besser erfassen zu können. Dabei können sich die von diesen Verständnisfolien anvisierten Wirklichkeitsbereiche einander überlagern, diese können miteinander verwoben sein oder gegeneinander ausgespielt werden. Infolgedessen gestaltet sich der Verstehensprozess in einem Wechsel von Annäherung und Abstandsfindung, von Innehalten und von Befragung, von Berührt-Werden und Sich-berühren-Lassen, von Nähe Empfinden und Distanz Einhalten. In der Hermeneutik des interkulturellen Dialogs wird dieser Verstehensprozess als ein Prozess des »Von-sich-Weggehens«, des »Auf-den-Anderen-Zukommens«, des »Den-anderen-Weg-Mitgehens«, des »Zu-sich-selbst-Zurückkommens« und »Des-wieder-in-einer-neuen-Erfahrung-auf-den-Anderen-Zugehens« (Diallo, 2000) beschrieben.

Die von Sundermeier beschriebenen Tugenden von Geduld, von Bescheidenheit, von präziser Beobachtung und Sensibilität im ethnologischen-hermeneutischen Verstehensprozess (vgl. Sundermann, 1996, S. 19) erweisen sich auch für den Aufbau einer therapeutischen Beziehung zwischen Angehörigen unterschiedlicher Kulturen und gesellschaftlicher Gruppen als hilfreich. Die therapeutische Beziehungsgestaltung berücksichtigt dabei aber auch die philosophischen erkenntnistheoretischen Einsichten einer komparativen interkulturellen Philosophie, die sich von einer absolutistisch orientierten Identitätsphilosophie abwendet. Dieser Erkenntniszugang plädiert für die Offenheit für Gemeinsamkeiten, für eine Selbstdisziplin und Fähigkeit des Sich-zurück-nehmen-Könnens für die Kommunikation in einer pluralistisch vielfältigen Gesellschaft. Der Umgang mit den Verständnisfolien bedient sich schließlich ethnoanalytischer Einsichten für die therapeutische Beziehung als Übergangsraum, in dem über die Analyse von Übertragung und Gegenübertragung Erkenntnisse über kulturelle Prozesse und in Ausweitung ethnoanalytischer Sicht auch über gesellschaftliche Prozesse gewonnen werden können.

Der migranten- und kultursensible Arbeitskontakt lebt von der Berührbarkeit der Beratenden. Beratende sind nur so weit von der Situation der/des Ratsuchenden berührt, soweit sie in ihrer Sensibilität nicht blockiert sind durch Befangenheiten und Unfreiheiten ihrer psychischen Sensibilität, ihrer Zugehörigkeit zu einer bestimmten gesellschaftlichen Gruppierung oder ihrer eigenen kulturellen Maßstäbe. Die Arbeit mit den Verständnisfolien erfordert deshalb seitens der Beratenden eine eigene Sensibilität zu kulturellen und gesellschaftlichen Befangenheiten, die über Selbsterfahrungen in der Bearbeitung von kulturellen und gesellschaftlichen Fremdheitserfahrungen geformt wurden.

Für den Beratungsbeginn ist wohl entscheidend, ob die/der Beratende in Kenntnis ihrer/seiner eigenen Befangenheit ihre/seine Flexibilität in der Kommunikation und Interaktion mit dem Angehörigen einer anderen Kultur, Wertorientierung und gesellschaftlichen Gruppierung einschätzen kann und auch ein Gespür für die eigene Grenze in Kommunikation und Interaktion hat. Dieser Umgang mit der eigenen Flexibilität und der eigenen Grenze ist wohl auch der Ausgangspunkt für die Einschätzung der Flexibilität und Grenze der/des Ratsuchenden.

Bezüglich der zu behandelnden Konfliktthemen liegt es auch in migranten- und kultursensiblen Beratungsbeziehungen bei der/dem Ratsuchenden, darüber zu befinden, welche der in den Verständnisfolien anvisierten Themen den eigenen Themen und der eigenen Situation am nächsten stehen und hilfreich sind. Die Arbeit mit diesen Verständnisfolien erscheint aus den bisherigen Erfahrungen sinnvoll und notwendig für alle Etappen einer psychologischen Beratung, für den Auftakt, während der Beratungsreihe und zum Abschluss der Beratung.

Die Arbeit mit den Verständnisfolien dient letztlich dem besseren psychologischen Verständnis der von den Ratsuchenden vorgetragenen Konfliktsituation, in der sich psychische Inhalte, kulturelle, soziale und gesellschaftliche Kontexte überlagern. Dieser Beratungsansatz fördert die migranten- und kultursensible Anwendung psychologischer Interventionen.

Der Umgang mit den Verständnisfolien beinhaltet die Bereitschaft, die Gewichtung der unterschiedlichen Bedeutungskontexte immer wieder kritisch zu befragen und zu hinterfragen. Sie schützt die/den BeraterIn auch vor den Fallen, die in der Arbeit mit den Verständnisfolien liegen.

Klippen und Fallen in der migranten- und kultursensiblen Beratungsarbeit

Der Umgang mit Befangenheiten, Klippen und Fallen in der Beratungsarbeit gehört zum Inventar der Ausbildung zum psychologischen Berater für Ehe-, Familien- und Lebensfragen und von Selbsterfahrungstrainings. Das interkulturelle Setting birgt zusätzliche Klippen, die in Zusammenhang mit der zweiten und dritten Verständnisfolie stehen, welche die Kognitionen, das Erleben und das Verhalten von Beratenden wie von Ratsuchenden betreffen können.

Bagatellisierung der Minderheiten- und Mehrheitenwirklichkeit

Trotz offenkundiger Ungleichheiten in der Verfügbarkeit psychosozialer Ressourcen für Angehörige der Mehrheits- und Minderheitsgesellschaft ist der Kontakt zwischen Beratender bzw. Beratendem und Ratsuchender bzw. Ratsuchendem von einer harmonisierenden Tendenz bestimmt, die die bestehenden Ungleichheiten bagatellisiert und Unterschiede nivelliert. Seitens der Beratenden aus der Mehrheitsgesellschaft können unterschiedliche Motive wirksam sein. Sei es das Motiv, unparteiisch sein zu wollen, oder die Tendenz, gefährliches Terrain zu vermeiden, oder der Versuch, nicht mit der eigenen Unwissenheit konfrontiert zu werden. Dazu kann eine Form fürsorglicher Dominanz gehören, die die Andere bzw. den Anderen in ihrer/seiner Realität und in ihrer/seiner Eigenständigkeit nicht wahrnehmen möchte. Zuweilen kann es die eigene Unsicherheit ausdrücken, sich in der eigenen Gruppenzugehörigkeit anzunehmen oder eigene Standpunkte hinsichtlich der gesellschaftlichen Verhältnisse zu entwickeln. Die/Der ausländische BeraterIn mag in ihrer/seiner bagatellisierenden Sicht der Minderheiten- und Mehrheitenwirklichkeit von dem Wunsch geleitet sein, sich nicht ständig selbst mit eigenen unguten Erfahrungen zu konfrontieren oder durch die Schilderung anderer konfrontieren zu lassen. Sie/Er mag sich auch von dem Wunsch leiten lassen, ihre/seine sichere BeraterIn-Position im Kontakt mit der/dem deutschen und ausländischen Ratsuchenden schützen zu müssen. Das Bagatellisieren der sozialen Ungleichheiten ist für die migranten- und kultursensible Beratungssituation schädlich. Sie hindert daran, die Wirklichkeit ernst zu nehmen, die darin angelegten Ängste, Wünsche und Herausforderungen zu erfassen. Sie führt zwangsläufig zu Fehlinterpretationen und blockiert schnell die Beziehung selbst.

Überbetonung der Minderheitenanwaltschaft

In einem Anflug heroischer Fürsorglichkeit ist die/der deutsche Beratende geneigt, auf die Minderheitensituation der/des ausländischen Ratsuchenden zu stark einzugehen. In dieser Haltung übersieht die/der Beratende, dass die/der ausländische Ratsuchende mit ihrer/seiner eigenen Sicht und Bewertung der Wirklichkeit immer stärker zurücktritt. Den Leidensdruck der/des

Ratsuchenden führt sie/er nur noch auf die Minderheitensituation zurück.

Als undankbar und eigenwillig erlebt dann die/der deutsche Beratende den Versuch der/des Ratsuchenden, die eigene Sicht darzustellen und die Dominanz der/des Beratenden infrage zu stellen. Umgekehrt mag die/der ausländische Ratsuchende im Verharren in der Minderheitenanwaltschaft die gute moralische Position gegenüber der/dem deutschen Beratenden nicht aufgeben. Sie/Er mag dabei auch von dem Motiv geleitet sein, vor dem eigenen Versagen, von der eigenen Betroffenheit abzulenken.

Kulturelle Verallgemeinerung und kulturelle Fixierung

Kulturelles Nichtwissen kann zu schlechten Ratschlägen führen. Die Unkenntnis der eigenen Kultur und jene von Kulturunterschieden überhaupt führt schnell zur kulturellen Verallgemeinerung bzw. einseitigen Bewertungen. Die im Kontakt mit anderen Kulturangehörigen auftretenden eigenen Befremdungen können kulturell nicht verstanden werden und erfahren ein für den Fremden gefährliches Ausagieren (vgl. z. B. Fehleinweisungen im Bereich der Psychiatrie bzw. Fehldiagnosen bei der Einweisung von ausländischen Kindern in den Sonderschulbereich).

Eine ganz andere Form kultureller Fallen liegt in der Tendenz, Konflikte und Leiden kulturell zu verbrämen, um eigene Konflikte und soziale Konflikte nicht wahrnehmen zu wollen. Die/Der deutsche Beratende mag in der Annahme eines Kulturkonflikts erleichtert sein, um sich nicht mit eigenen Ängsten konfrontieren zu müssen, die ihren Ausgangspunkt in der Minderheitensituation des ausländischen Ratsuchenden haben, bzw. mit Ängsten und Wünschen, die im Rahmen biografischer Abhängigkeiten auf ihn übertragen werden. Die Präsentation eines Beziehungskonflikts als Kulturkonflikt kann Wünsche, Ängste und Konflikte verdecken, die im Bereich der Paarsituation, der Familiensituation und in gesellschaftlichen Großgruppen angesiedelt sind. Kulturelle Fehlsichten führen zu falschen Diagnosen und Interventionen, verhindern die Vitalisierung kultureller Ressourcen für den Ratsuchenden und lenken von anderen Konfliktfeldern ab.

Der Umgang mit den eigenen Befangenheiten – Verständnisfolien in der Selbsterfahrung

Gegenstand der Selbsterfahrung ist die Reflexion oder Modifikation persönlicher Voraussetzungen für das helfende psychotherapeutische Handeln unter Einbeziehung biografischer Aspekte sowie bedeutsamer Aspekte im Zusammenhang mit einer helfenden Beziehung und der eigenen persönlichen Entwicklung in einem psychotherapeutischen Beruf. Die Selbsterfahrung widmet sich den eigenen Gefühlen, Wahrnehmungen und Bedürfnissen, dem eigenen Konfliktverhalten und Änderungsmöglichkeiten. Sie geht insbesondere den Einflussfaktoren aus der eigenen Biografie für den helfenden Beruf nach in den förderlichen Dispositionen wie auch in den hemmenden Befangenheiten für diesen Beruf. Formen der psychologischen Selbsterfahrung finden sich in Balintgruppen, Marathongruppen, Encounter Trainings und in Sensitivity Trainings.

Im Blick auf eine migranten- und kultursensible Orientierung helfender Berufe erweitert sich der Gegenstand der Selbsterfahrung zum einen um die Reflexion und Modifikation von Kultur- und Spracherfahrungen, wie sie sich durch eigene Erfahrungen mit Menschen anderer Kulturen im In- und Ausland, mit eigenen kulturellen Befremdungen und Entbehrungen gebildet haben. Zum anderen erweitert sich der Gegenstand der Selbsterfahrung auch über die Reflexion und Modifikation von gesellschaftlichen Erfahrungen durch die eigene Zugehörigkeit zur gesellschaftlichen Mehrheitsgruppe- oder einer der Minderheitengruppen, durch die eigene Zugehörigkeit zu soziokulturellen Milieus und durch die eigene Betroffenheit der gesellschaftlichen Diskurse um Integration, Ausgrenzung, Rassismus und Fremdenfeindlichkeit. Sie bezieht dabei die eigenen Migrationserfahrungen mit ein wie auch erlebte Ausgrenzungen und erlebte rassistische Gewalt.

Die psychologische Selbsterfahrung spürt diesen eigenen kulturellen und gesellschaftlichen Befangenheiten nach und reflektiert ihre konstruktiven und destruktiven Potenzen für die eigene helfende Tätigkeit als Psychologe bzw. Psychologin oder Psychotherapeut bzw. Psychotherapeutin. Diese Selbsterfahrung dient der eigenen Klärung, ist dadurch wichtig für die eigene Selbstentwicklung und fördert die Sensibilität im Kontakt zwischen Menschen mit oder ohne Migrationshintergrund und im Kontakt zwischen Menschen mit unterschiedlichem kulturellen und gesellschaftlichen Hintergrund.

4. Sprache und Sprachlosigkeit in der migranten- und kultursensiblen psychologischen Beratungsarbeit

Die Bedeutung von Sprache und Sprachlosigkeit ist in der migranten- und kultursensiblen Beratungsarbeit zentral. Sich in seiner Sprache zu unterhalten, erscheint dabei als etwas Selbstverständliches. Und doch ist gerade diese Selbstverständlichkeit nicht mehr gegeben, wenn sich zwei miteinander unterhalten wollen, die nicht mehr die gleiche Mutter- oder Vatersprache teilen.

Im Urlaub gehört das im Ausland mit zum Flair des Besonderen, dass ich hinnehme, mich nicht in »meiner« Sprache unterhalten zu können. Muss ich jedoch zum Arzt und ihm unter Druck oder gar mit Schmerzen meine Beschwerden mitteilen, ist die sprachliche Situation im Ausland schon prekärer. Ähnlich geht es denen, die aus dem Ausland zu uns kommen, als Menschen mit Migrationshintergrund in Deutschland leben, die sich in eine psychotherapeutische Beratungsbeziehung begeben möchten, in der das Verstehen und das Verändern besonders auf eine möglichst authentische Form der sprachlichen Kommunikation und Interaktion angewiesen ist. Die Arbeit mit den drei Verständnisfolien im Rahmen eines migranten- und kultursensiblen psychotherapeutischen Beratungsansatzes eröffnet auch eigene Zugänge zur Bedeutung der Sprache in der Beratungsarbeit.

Zur Bedeutung von Mutter-, Vater- und anderen Sprachen in der Beratungsarbeit

Die Muttersprache ist die Sprache, die am authentischsten zum Ausdruck bringt, was auf dem Herzen liegt. Es ist die Sprache, in die unsere Entwicklung eingebettet war. Die Muttersprache bietet für diese Entwicklung die sprachliche Hülle. Neben der Selbstverständlichkeit, in der jede/r seine Muttersprache benutzt, gibt es auch etwas exquisit Einzigartiges und Kostbares im eigenen inneren Verhältnis zur Sprache selbst. Auch wenn Mutter- und Vatersprachen nicht als Verständigungssprachen in Beratungssituationen eingesetzt werden können, ist es hilfreich, diesen Sprachen dennoch Raum zu geben. Dies kann einfach dadurch geschehen, dass Menschen mit Migrationshintergrund Schlüsselwörter und Schlüsselsätze in ihrer Muttersprache sprechen.

Zum Umgang mit Sprachen gehört auch die Leichtigkeit oder die Beschwernis, mit der sich jemand in eine andere Sprache begibt. Jede/r hat ihre/seine eigene Sprachgeschichte, ihre/seine Erfahrung darüber, wann und wie sie/er Sprachen lernen durfte oder musste und welchen Geboten und Verboten sie/er lebensgeschichtlich dabei ausgesetzt war. Die Bandbreite von Lernsituationen ist sehr groß, sie beinhaltet Lern- und Entwicklungssituationen, in denen die eigene persönliche Entwicklung in das Vorhandensein voneinander verschiedener Mutter- und Vatersprachen oder gleichzeitig gesprochener Minderheitssprachen und der Mehrheitssprache eingebettet war, bis zu Situationen, in denen im späteren Alter und unter großem Druck und mit Mühe eine neue Sprache gelernt werden musste. Entsprechend gefächert sind die Möglichkeiten, sich sprachlich authentisch in den unterschiedlichsten Stimmungslagen und Bedeutungen einzubringen.

Die besondere Bedeutung und Funktion von Sprache im psychotherapeutischen Prozess hat einige Fragen aufgeworfen: Ist das psychotherapeutische Arbeiten an die Muttersprache gebunden? Wie gut muss ich eine Sprache sprechen können, um sie in dieser Arbeit einsetzen zu können? Ist das subjektive Bedeutungsgefüge des Sprechers über andere Sprachen hinweg mitteilbar und verstehbar? Können Erfahrungen und Konflikte aus der Kindheit in einer Sprache mitgeteilt werden, die sehr viel später im Erwachsenenalter gelernt wurde? Ist die Sprache des Vergessens und des Verdrängens auch die Sprache der Erinnerung? Was bedeuten »Fremdsprachen« in der psychotherapeutischen Arbeit?

Aus der grundsätzlichen Bedeutung der Sprache für die persönliche und authentische Ausdrucksfähigkeit folgt, dass die/der Ratsuchende das Recht und die Freiheit braucht zu bestimmen, in welcher Sprache sie/er sich im Beratungsprozess zum »Ausdruck« bringen kann und in welcher nicht. Entsprechend brauchen Beratungseinrichtungen ein mehrsprachiges Mitarbeiterteam bzw. die Bereitschaft, DolmetscherInnen für die Beratungsarbeit einzusetzen.

Sprache hat im Beratungskontext die Funktion, den Zugang zur/zum Anderen zu eröffnen und der/dem Anderen ihre/seine Ausdrucksmöglichkeiten zu schaffen. In dieser Funktion eröffnen Mutter-, Vater-, Fremd-, Mehrheiten- und Minderheitensprache je eigene, wenn auch unterschiedliche sprachliche Wege zueinander. Entsprechend unterschiedlich sind auch die Möglichkeiten der verschiedenen Sprachen in der Beratungsarbeit. So ist innerhalb der Diskurse in Psychotherapie und psychologischer Beratung die ursprüngliche Zurückhaltung oder gar Weigerung, psychotherapeutisch in einer Fremdsprache zu arbeiten, einer Einschätzung gewichen, in der die Möglichkeiten der Fremdsprachentherapie viel deutlicher und positiver gesehen werden.

Das Arbeiten in einer mehrsprachigen Situation braucht eine eigene Anerkennung für die Beschwerlichkeit, die für alle Beteiligten gegeben ist. In einer Fremdsprache zu sprechen ist anstrengend, anspruchsvoll und in einer besonderen Weise mit Unsicherheit und Kontrolle verbunden. Andererseits birgt die in dieser Situation liegende Aufforderung zu Zuwendungsbereitschaft, zu Flexibilität und Relativierung auch eigene therapeutische Chancen und Risiken.

Zum kulturellen Bedeutungskontext der in der Beratung gesprochenen Sprachen

Über die Sprache vollzieht sich in der Entwicklung auch das Bedeutungslernen des Gesprochenen, Sprache ist Schlüssel zur Kultur und Vehikel für kulturelle Bedeutungen und Wertorientierungen. Über Sprache und den ihr innewohnenden Bedeutungen und Bewertungen regulieren sich auch Beziehungen.

Über Sprache teilen sich kulturelle Wertorientierungen mit, Alltägliches wie das Verständnis zum Beispiel von Nähe und Abstand, über Familie und familiäre Beziehungen, über Anschauungen von Raum und Zeit, über Gesellschaft und die Stellung des Einzelnen. In die Selbstverständlichkeit des Sprechens der gleichen Sprache, so wissen wir, ist nicht automatisch das Verstehen der gleichen Bedeutungen und des gleichen Sinns eingeschlossen. Dieses Bedeutungsverstehen ist noch viel weniger selbstverständlich in der interkulturellen Situation.

Im interkulturellen Vergleich gibt es die größten Unterschiede in der kulturellen Bedeutung des Wörtchens »ich« und »wir«, der darin liegenden Verständnisse über die Beziehungen der/des Einzelnen zur Gruppe und entsprechend für die Beziehungen des Kollektivs zur/zum Einzelnen. In manchen Sprachen ist das Wort »ich« sogar nur dünn ausgebildet, die Beziehungsbezeichnungen für die Beziehungen innerhalb der Gruppe bzw. der Loyalitäten dagegen sehr stark. Diese Bedeutungen gehen nur unzureichend in die Übersetzungen von der einen in die andere Sprache ein.

In diesen Bedeutungsunterschieden liegen auch eigene Herausforderungen an die Beziehungskonzepte der psychotherapeutischen Beratungsarbeit. Die Bindung der Sprache an die eigene

Kultur und die darin liegende kulturelle Eigenart, die Welt wahrzunehmen und zu werten, hat schon Wilhelm von Humboldt (Böhler, 1986) deutlich erkannt.

Diese Sicht hat in den 1930er Jahren eine psycholinguistische Weiterentwicklung in der Sapir-Whorf-Hypothese gefunden, in der das sprachliche Relativitätsprinzip formuliert wurde (Whorf, 1973). Ihr zentraler Gedanke ist, dass Sprache nicht nur Kommunikationsmittel ist, sondern dass Wirklichkeit über den Weg der Sprache wahrgenommen wird. Sapir und Whorf gingen bereits damals von der Überlegung aus, dass die Sprache den Gedanken formt und dass durch unterschiedliche Sprachen ganz verschiedene Bilder von der Wirklichkeit erzeugt werden. In dem Maß, wie sich die Sprachen unterscheiden, differieren auch die Wahrnehmungen. Es gehört zu den Einsichten einer migranten- und kultursensiblen psychologischen Beratungsarbeit, dass dieses Entschlüsseln von Bedeutungen und Übersetzen von Bedeutungen an eine große Bereitschaft und Fähigkeit gebunden ist, die Begrenztheit des eigenen kulturellen Bedeutungssytems zuzulassen.

Diese Haltung der »acknowledged ignorance« setzt als Belohnung auch eine faszinierende Möglichkeit frei, im neuen Fragen die Ratsuchende bzw. den Ratsuchenden in ihrer/seiner Sicht der Welt und Problemsicht kennenzulernen. Die darin liegende Distanzierung und Relativierung hat auch therapeutische Wirkung. Verständigung scheitert nicht per se an der Diversität von Sprachen und Bedeutungen, sondern oft an der fehlenden Bereitschaft, im Gewahrwerden des eigenen begrenzten Verstehenssystems dennoch Verständigung zu suchen.

Zum gesellschaftlichen Bedeutungskontext der in der Beratung gesprochenen Sprachen

Die migranten- und kultursensible Beratungssituation ist nicht nur beeinflusst durch die individuelle Bedeutungsgeschichte von

Sprache und des kulturellen Kontextes der gesprochenen Sprache, sondern auch vom gesellschaftlichen Kontext. Für die/den »AusländerIn« ist die deutsche Sprache nicht nur eine andere Sprache im Sinne des Sprachenlernens, sie ist nicht nur fremd wegen der in ihr transportierten kulturellen Anschauungen, sondern sie ist auch die Sprache der Mehrheitsbevölkerung, die über den Zugang zu gesellschaftlichen Gütern, Institutionen und ihren Dienstleistungen entscheidet. Deutsch ist das sprachliche Nadelöhr für die/den AusländerIn, um an den gesellschaftlichen Möglichkeiten teilzuhaben oder ausgegrenzt zu bleiben. In dieser Sicht bleibt die/der AusländerIn die/der Fremde, die/der etwas von der Gesellschaft will und sich gefälligst des Schlüssels deutsche Sprache zu bemächtigen hat. Die Gesellschaft verbleibt dabei in einem Sprachmonopol, sie hat dadurch nicht auf die/den AusländerIn zuzugehen, um sie/ihn zu verstehen.

Diese gesellschaftliche Situation reicht immer wieder in die Beratungsarbeit herein. Es zeigen sich tagtäglich Ratsuchende mit Migrationshintergrund, die sich in dieser sprachlichen Vorgabe unzureichend oder nicht verständlich machen können. Die Anforderungs- und Prüfungssituation in der sprachlichen Situation ist ihnen anzumerken, die Angst, der Drang, die Resignation in der Kommunikation ist spürbar.

Die Auswirkungen auf eine gedeihliche Arbeitsbeziehung sind offensichtlich. Es hat sich zum Erhalt dieser Arbeitsbeziehung als hilfreich erwiesen, diese sprachliche Besonderheit ansprechen, die Vorerfahrungen der Ratsuchenden zu ihren Verständigungsversuchen zu erheben, ihnen aus ihrer sprachlichen Anspannung und Drucksituation herauszuhelfen, indem ihnen frühzeitig signalisiert wird, dass die/der BeraterIn sie verstehen will und bereit ist, ihr/sein sprachliches Bemühen entsprechend zu gestalten. Dies beinhaltet eine neue Bewertung der Notwendigkeit von verschiedenen Sprachen, der Mehrsprachigkeit von MitarbeiterInnen und der Bereitschaft, mit DolmetscherInnen zu arbeiten.

Sprachlosigkeiten

Auch die Sprachlosigkeit ist eine uralte Sprachreaktion und hat auch verschiedene Bedeutungsschichten. Die Sprachlosigkeit begegnet uns in der eigenen sprachlichen Begrenzung und der Hilflosigkeit, Angewiesenheit und der Verwirrung, die damit oft verbunden ist. Gefühle von Kontroll- und Kompetenzverlust werden spürbar. Dies wahrzunehmen, zu respektieren und auch anzusprechen dient der eigenen Entlastung und dem Bestreben, sich dennoch um Verständigung zu bemühen. Sie bietet aber auch der/dem Ratsuchenden eine Brücke, sich angesichts der Begrenztheit und Hilflosigkeit der Beraterin bzw. des Beraters in der eigenen Begrenztheit freimütiger einzubringen. Dennoch sind die Risiken und möglichen Irritationen und Enttäuschungen für die Ratsuchende bzw. den Ratsuchenden, die in der sprachlichen Begrenzung seitens der Beraterin bzw. des Beraters liegen, nicht zu unterschätzen.

Wir kennen auch eine weitere Art der Sprachlosigkeit, wenn uns Emotionen überfluten, wenn wir überrascht und erstaunt sind in Freude, Angst und Fassungslosigkeit. Im interkulturellen Kontakt kommt es zur Sprachlosigkeit mit dem Anderen, weil in den gesprochenen und übersetzten Begriffen für die/den SprecherIn und die/den HörerIn unterschiedliche Bedeutungssysteme enthalten sein können.

Sprachlosigkeit erleben wir, wenn wir unter großem Druck von außen, in Zeit und Raum begrenzt, etwas Wichtiges sagen möchten. Die Sprachlosigkeit erleben wir in der interkulturellen Beratungsarbeit in verschiedenen Phänomenen, so in der Hemmung oder Weigerung, die Sprache des Aufenthaltslandes zu sprechen, oder die Hemmung oder Weigerung, die eigene Mutter- oder Vatersprache zu sprechen, oder im Phänomen, das in besonderen Situationen oder bei bestimmten Themeninhalten Sprachlosigkeiten oder Sprachwechsel stattfinden, wie zum Beispiel im sprachlichen Umgang mit Traumatisierungen oder im

Umgang mit Tabuthemen, zum Beispiel im sexuellen Bereich. Zusammenfassend lässt sich festhalten, dass Sprachen uns den Weg zu den Herzen der Menschen weisen, sie sind gleichzeitig Vehikel für kulturelle Bedeutungen und fungieren zuweilen als Nadelöhr für wichtige Güter der Gesellschaft.

In der migranten- und kultursensiblen psychologischen Beratungsarbeit sind wir in je eigener Weise mit sprachlichen Begrenzungen, mit der Abwesenheit von Sprachen und den besonderen Anstrengungen von Ratsuchenden und Beratenden befasst, sich verständlich zu machen und trotz der Begrenzungen einander zu verstehen. Auch die Sprachfertigkeit verbleibt nur ein hölzernes Werkzeug, wenn sie nicht von der Bereitschaft und dem Interesse getragen ist, verstehen zu wollen.

Es ist dies die Bereitschaft, über die individuelle Befangenheit von Sprache, über den kulturellen Kontext hinaus auch angesichts der gesellschaftlichen Situation eine Verständigung zu suchen, ohne bestehende Unterschiede auflösen zu müssen. Wir sind in der Bereitschaft, den Anderen verstehen zu wollen, auch darauf angewiesen, ÜbersetzerInnen und DolmetscherInnen hinzuzuziehen.

Übersetzen, Verstehen und das Schaffen eines gemeinsamen Sinns erscheinen in der interkulturellen psychotherapeutischen Beratungsarbeit mit eingebettet und abhängig davon, ob die beteiligten Ratsuchenden und Beratenden sich verständigen und verstehen wollen und ob sie dies trotz der Unterschiede in der biografischen, kulturellen und gesellschaftlichen Befangenheit tun möchten und dabei den Schritt wagen, aus der jeweiligen Befangenheit herauszutreten, ohne die Unterschiede auflösen zu müssen. Sprachlich sehen wir uns in der psychologischen Beratungsarbeit aufgefordert, Kommunikation in mehreren Sprachen zuzulassen, mehrere Sprachen selbst zu sprechen oder die Sprachlast auf mehrere zu verteilen.

Migranten- und kultursensible psychologische Beratung unter Einbeziehung von DolmetscherInnen

Um Teilhabegerechtigkeit an psychosozialen und gesundheitlichen Diensten für MigrantInnen zu erreichen, ist es erforderlich, dass diese Dienste auf Dolmetscherdienste zurückgreifen können. Die Nutzung der eigenen Muttersprache durch den Ratsuchenden ist notwendig, um sich authentisch mitteilen und verständlich machen zu können. Sie hilft Unsicherheiten seitens der Ratsuchenden und der Beratenden zu vermeiden, reduziert Missverständnisse und diagnostische Fehleinschätzungen.

Bei aller Mehrsprachigkeit an einer Beratungsstelle, bei aller Sprachsensibilität der MitarbeiterInnen wird es deshalb immer wieder Beratungskonstellationen geben, in denen DolmetscherInnen hinzugezogen werden müssen. Diese Einbeziehung von DolmetscherInnen ist erforderlich, um psychologische Beratung für MigrantInnen anbieten zu können und seitens der Beraterin bzw. des Beraters angesichts der Sprachdifferenz diese sachgemäß und effizient leisten zu können.

Dabei schafft die Einbeziehung eines Dolmetschers bzw. einer Dolmetscherin in die psychologische Beratungsarbeit ein komplexes triadisches System, das auch einige Schwierigkeiten und Risiken birgt. Die/Der DolmetscherIn gehört in der psychologischen Beratungsarbeit mit zum Beratungssystem. Er ist für die Übersetzung der verbalen Kommunikation von der einen in die andere Sprache zuständig. Sie/Er ist innerhalb des triadischen Systems ein Mensch mit Leib und Seele, sie/er kann nicht zur Übersetzungsmaschine reduziert werden. Die häufig empfohlene Neutralität der Dolmetscherin bzw. des Dolmetschers in der Beratung ist deshalb nur bedingt zu erreichen, da sie/er als Person im Übersetzen anwesend ist und damit auch mit ihrem/seinem Selbstbild, ihrem/seinem kulturellen Kontext, ihrem/seinem gesellschaftlichen Kontext und ihren/seinen Annahmen über psychologische Beratung.

Die DolmetscherInnen befinden sich während der psychologischen Beratung in einer anspruchsvollen »Zwischensituation«, sie gehören zum psychologischen Dienstleistungssystem, sind aber gleichzeitig bezüglich der psychologischen Beratung in einer Zwischenposition zwischen Laien und Experten. Sie geraten leicht in Loyalitätskonflikte – bewusst oder unbewusst – zwischen den im konkreten Beratungssetting gegebenen unterschiedlichen kulturellen Zugehörigkeiten und gesellschaftlichen Gruppenzugehörigkeiten.

Für die/den BeraterIn liegen in der triadischen Beratungssituation zusammen mit der/dem DolmetscherIn noch weitere Herausforderungen. Die Beratenden stehen in ihrer Wahrnehmung der nonverbalen Kommunikation seitens der/des Ratsuchenden vor der Aufgabe, diese mit der übersetzten verbalen Kommunikation in Einklang zu bringen. Nicht selten ergeben sich für Beratende Dissonanzen in der übersetzten verbalen Kommunikation und der nonverbalen Kommunikation der/des Ratsuchenden, die sich zu asynchronen Prozessen weiterentwickeln können. Andererseits enthalten diese Dissonanzen auch Chancen, durch Nachfragen den unterschiedlichen Bedeutungsgehalt in verbaler und nonverbaler Kommunikation zu entschlüsseln und für die Beratungssituation zu nutzen.

In der direkten Beratungsarbeit sind beide, psychologische BeraterInnen und DolmetscherInnen, an einem gleichen Anliegen beteiligt. Sie ermöglichen Verstehen, darin ermöglichen sie Vertrauen und dieses wiederum ermöglicht Verstehen. Diese Verstehens- und Vertrauensarbeit geschieht angesichts kultureller und gesellschaftlicher Differenzen, dient der Entschlüsselung der darin verborgenen Bedeutungswelten und fördert dadurch für die psychologische Beratung Gemeinsamkeiten.

Das Beratungssetting mit DolmetscherInnen ist sorgfältig zu gestalten. Der Ablauf eines DolmetscherInnen-Einsatzes verläuft in fünf Phasen. Er bedarf einer Planung, er bedarf eines Vorgesprächs mit der/dem DolmetscherIn, er beinhaltet das eigentliche

Übersetzungsgespräch, er bedarf danach eines Nachgesprächs mit der/dem DolmetscherIn und danach einer Auswertung des DolmetscherInnen-Einsatzes. (DAKJEF, 2009).

Während des Übersetzungsgesprächs ist die Sitzordnung so zu gestalten, dass es einen gleichen Abstand zwischen Ratsuchenden, BeraterIn und ÜbersetzerIn gibt. Die Leitung der Sitzung hat die/der psychologische BeraterIn inne. Von der/Vom DolmetscherIn wird erwartet, dass sie/er außerhalb ihrer/seiner Tätigkeit keine privaten Kontakte zu den Ratsuchenden pflegt.

Die in der Einbeziehung von DolmetscherInnen in die psychologische Beratungsarbeit liegenden Herausforderungen bedürfen einer sorgfältigen Einführung von DolmetscherInnen in die Prinzipien der psychologischen Beratungsarbeit. Für diese Arbeit sind insbesondere geprüfte DolmetscherInnen geeignet, die über einen Migrationshintergrund und Kulturwechselerfahrungen verfügen und diese reflektiert haben. Die Einbeziehung von Verwandten und Bekannten von Ratsuchenden als ÜbersetzerInnen hat sich in der psychologischen Beratungsarbeit als nicht hilfreich und nicht sinnvoll erwiesen.

Die Arbeit mit DolmetscherInnen ist komplex, beinhaltet einen eigenen Aufwand, ist aber für die Entwicklung einer weiteren Sensibilisierung für kulturelle und gesellschaftliche Bedeutungen sehr interessant. Sie fördert für Ratsuchende und BeraterInnen den bewussten Umgang mit kultureller und gesellschaftlicher Differenzerfahrung, mildert die dabei auftretenden Unsicherheiten und macht »das Andere« reflektierbarer und fassbarer. Das triadische System von BeraterIn, Ratsuchenden und DolmetscherIn ist komplex, erhöht aber durch die Komplexität die Möglichkeiten des Verstehens über sprachliche, kulturelle und gesellschaftliche Grenzen hinweg. Dieses triadische System birgt aber auch mehr Risiken als ein dyadisches System.

5. Die Bedeutung des Teams für die migranten- und kultursensible psychologische Beratungsarbeit

Es gehört auch zu den Einsichten psychologischer Beratungsarbeit mit MigrantInnen, dass angesichts der Komplexität der Beratungssituationen die/der einzelne BeraterIn trotz guter Ausbildung und vieler Trainings an ihre/seine Grenzen kommen kann. Die migranten- und kultursensible psychologische Beratungsarbeit geschieht deshalb »par excellence« in und mit einem multikulturellen und multiethnischen Team, in dem die migranten- und kultursensible Kompetenz auch als Teamprofil verankert ist.

An psychologischen Beratungsstellen ist die Beratungsarbeit von Beratenden und Ratsuchenden traditionell eingebettet in den Beziehungs- und Handlungsraum eines Teams von MitarbeiterInnen. Das Team hat sich dabei in den vergangenen Jahrzehnten zu einem strukturellen Gütemerkmal für die psychologische Beratungsarbeit entwickelt.

Dabei haben die Teams eine eigene Reflexionskultur entwickeln können, in der über die Zusammenschau unterschiedlicher disziplinärer Blickwinkel die Beratungsprozesse zwischen Beratenden und Ratsuchenden sehr effektiv begleitet werden können. Diese Zusammenschau zielt zum einen auf ein ganzheitliches und sehr differenziertes Verstehen der Leidens- und Konfliktsituation der/des Ratsuchenden, ihrer/seiner inneren und äußeren Konfliktbedingungen, diese Zusammenschau – als Intervision oder Supervision – dient und unterstützt aber auch die Verstehens- und Handlungsprozesse der jeweiligen Beraterin bzw. des jeweiligen Beraters. Das Team ist so zu einem sehr effektiven fachlichen Instrument eines beraterischen Systems geworden (Selvini Palazzoli, 1992). Darüber hinaus haben sich die Teams über ihre zusätzlichen betrieblichen und organisatorischen Funktionen zum Dreh- und Angelpunkt für die fachlichen, betrieblichen und organisatorischen Abläufe entwickelt.

Zunehmend erfahren psychologische Beratungsstellen eine Weiterentwicklung zugunsten einer migranten- und kultursensiblen Beratungsarbeit mit multinationalen und multireligiösen Teams. Die ethnische, kulturelle, konfessionelle und religiöse Heterogenität der Mitglieder im Team erhält dabei eine herausragende fachliche Bedeutung.

Über die verschiedenen Muttersprachen und die zusätzlichen Fremdsprachenkenntnisse bringen die MitarbeiterInnen dieser multiethnischen und multikulturellen Teams sprachliche Kompetenzen und Sensibilitäten ein, die die sprachlichen Möglichkeiten an einer Beratungseinrichtung erweitern. Dies erhöht die Fähigkeit der MitarbeiterInnen, auftretende kulturelle, konfessionelle und religiöse Unterschiede im Beratungsgeschehen wahrzunehmen und zu thematisieren. Zudem wird so das Bewusstsein für die jeweilig eigenen kulturellen, religiösen und gesellschaftlichen Verankerungen, Überzeugungen und Befangenheiten der verschiedenen Mitglieder im Team geschärft, was ein größeres Maß authentischer kultureller, konfessioneller und religiöser Standpunktäußerungen im Team und auf die Beratungsarbeit hin selbst ermöglicht. Dies fördert nicht zuletzt die Sensibilität aller Teammitglieder bezüglich den gesellschaftlichen Dynamiken zwischen Mehrheitsbevölkerung und Minderheiten (z. B. Ausgrenzung vs. Integration, Diskriminierung/Rassismus vs. Achtung der Menschenwürde) und deren Einfluss auf das Beratungsgeschehen.

Für die Teamarbeit selbst hat sich die Installierung von Anwaltschaften für die kulturelle Betrachtung wie auch für die gesellschaftliche Betrachtung über alle Teamformen hinweg bewährt. Diese Form der kommunikativen »Auseinandersetzung« bei bewusster Wahrnehmung der in der interkulturellen Situation gegebenen kulturellen Verschiedenheit und der unterschiedlichen gesellschaftlichen Positionierungen der Beteiligten öffnet den Verstehensprozess für die eigentliche psychologische Dimension des Verstehens und Beratungshandelns auf die vorhandenen konkreten Leidens- und Konfliktmuster der Ratsuchenden hin (Moro, 1999). Das Team wird dadurch zum zentralen Reflexions-, Verständigungs- und Verstehensraum im migranten- und kultursensiblen Setting und fächert seine Funktionen für die migranten- und kultursensible Orientierung für die Beratungseinrichtung in den verschiedenen Teamformen von Erstgesprächsteam, Fallverteilungsteam, Supervisionsteam, Organisationsteam und Weiterbildungsteam auf.

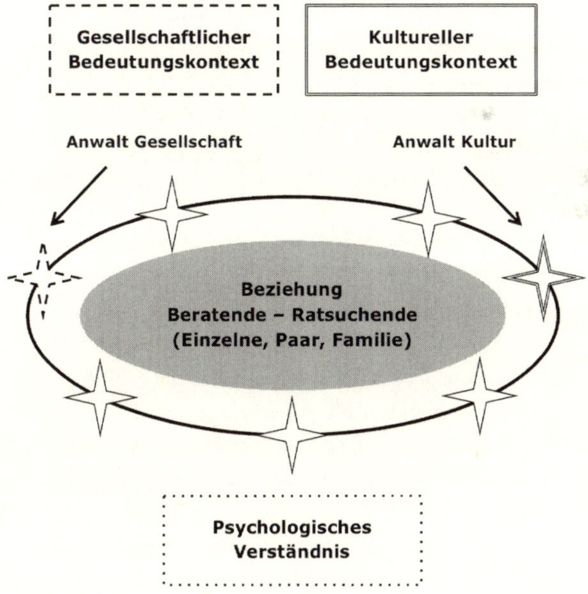

Das Erstgesprächsteam

In diesem Team erfahren die Erstgespräche eine erste Gruppeneinschätzung. In der Alltagsarbeit bedeutet diese, dass jede/r BeraterIn ihre/seine Erstgespräche in eine Teambesprechung einbringt, die ausschließlich der Einschätzung dieser Gespräche vorbehalten ist. Es werden in der Regel dabei nur die Gespräche besprochen, von denen auszugehen ist, dass sie in eine weitergehende Beratungsarbeit münden. Jede/r BeraterIn stellt ihre/seine Erstgespräche vor, beleuchtet die Schlüsselszenen oder besondere Betroffenheiten und bringt dazu eine eigene Hypothese ein. Das Team gibt ein kurzes Echo dazu, wobei einzelne Mitglieder des Teams quasi anwaltlich die kulturelle und die gesellschaftliche Perspektive auf die vorgestellte Situation hin formulieren. Das Erstgesprächsteam ist dem raschen Verstehen und der Hypothesenfindung der vorgestellten Beratungssituationen verpflichtet.

Diese Arbeit an den Erstgesprächen ist für alle Beteiligten sehr anstrengend, sie erfordert ein hohes Maß an Vorbereitung und Disziplin. Sie ist allerdings ungemein ertragreich für jene, die die Beratung fortsetzen. Diese müssen nicht unbedingt die ErstberaterInnen sein.

Das Fallverteilungsteam

Dieses Team hat die Aufgabe, für einen zügigen Übergang von Erstberatung in eine Anschlussberatung zu sorgen. Dabei hat es die Ergebnisse aus dem Erstgesprächsteam zu berücksichtigen und mögliche Konstellationen von Ratsuchenden und Beratenden zu bedenken.

Auch in dieser Teamarbeit kommt es zu einer Berücksichtigung von fachlicher Dringlichkeit, zumutbarer Wartezeit, sozialem und kulturellen Druck. Ebenso werden sprachliche Konstellationen berücksichtigt und es wird über die Einbeziehung von DolmetscherInnen entschieden. Diese Teamarbeit ist insbesondere auch für die MitarbeiterInnen im Sekretariat von großer Bedeutung, weil sie oft über den telefonischen Kontakt direkt mit den Ratsuchenden zu tun haben und dabei eine sensible Einschätzung der jeweiligen Befindlichkeiten und des soziokulturellen Hintergrundes wichtig ist.

Das Fallsupervisionsteam

Für die eigentliche Fallarbeit im Supervisionsteam wird eine mehrdimensionale Betrachtungsweise angestrebt, die die psychologischen Bedeutungen von erlebten Konfliktsituationen auch vor dem Hintergrund gesellschaftlicher und kultureller Bedeutungskontexte erschließen kann. Die ethnische, kulturelle, religiöse und sprachliche Heterogenität der Mitglieder im Team wird dabei zur wesentlichen Voraussetzung für die Reflexion und damit zur wichtigsten fachlichen Ressource für eine migranten- und kultursensibel angelegte Beratungsarbeit selbst.

Die Supervision spürt als Reflexionsraum insbesondere den persönlichen, kulturellen und gesellschaftlichen Befangenheiten nach, die besonders seitens der Beraterin bzw. des Beraters den psychologischen Beratungsprozess stören oder blockieren. Sie benennt dabei auch die Befangenheiten, die das Konfliktverhalten und -verständnis der/des Ratsuchenden mittragen.

Die Supervision trägt maßgeblich zur kulturellen Sensibilisierung der MitarbeiterInnen bei. Sie hilft, auftretende kulturelle, religiöse und gesellschaftliche Unterschiede wahrzunehmen und zu thematisieren. Sie stärkt darüber hinaus als Resonanzraum das Bewusstsein der einzelnen BeraterInnen für die jeweilig eigenen kulturellen, religiösen und gesellschaftlichen Verankerungen, Überzeugungen und Befangenheiten. Sie ermöglicht dadurch ein höheres Maß an authentischen kulturellen, religiösen und gesellschaftsbezogenen Äußerungen im Team und innerhalb der Beratungsarbeit.

Die Funktion des Supervisionsteams ist es auch, Themenstellungen in der Beratung zu entflechten und zu sortieren oder zu fokussieren. In schwierigen und sehr belastenden Beratungssituationen dient das Supervisionsteam für die/den BeraterIn als Regenerationsraum, der Trost bereitstellt, Zuversicht vermittelt und an förderlichen Beratungsvisionen mitarbeitet.

Das Organisationsteam

In dieser wöchentlichen Zusammenkunft laufen alle organisatorischen Abläufe einer Beratungsstelle zusammen. Das Organisationteam fungiert als Dreh- und Angelpunkt für die fachlichen, betrieblichen und organisatorischen Abläufe. Es sorgt für Transparenz und Klarheit der Abläufe an der Stelle ebenso wie für die Kontaktaufnahme zu anderen Einrichtungen und Behörden. In seiner partizipativen Weise des Zusammenwirkens aller – ungeachtet der Unterschiede – praktiziert es einen eigenen Verständigungsstil. Dem fachpolitischen Konsens der migranten- und kultursensiblen psychologischen Beratungsarbeit der Psychologischen Beratungsstelle verpflichtet, nutzt es die unterschiedlichen Positionierungen im Teamprozess für eine möglichst effektive Umsetzung der jeweils gegebenen Aufgabe. Dieses Team trägt dafür Sorge, dass die mit dem Profil der Stelle gegebenen besonderen psychologischen, kulturellen und gesellschaftspolitischen Anliegen sich in der Außendarstellung der Beratungsstelle niederschlagen, wie auch dafür, dass diese durch eine geeignete Vernetzung zu anderen Einrichtungen gestärkt werden. Das Organisationteam hat damit eine ganz besondere Verantwortung für die Struktur- und Konzeptqualität der migranten- und kultursensiblen psychologischen Beratungsarbeit an der Stelle.

Das Weiterbildungsteam

Die Gruppe der MitarbeiterInnen einer Stelle bilden immer auch einen lernenden Organismus und damit eine eigene Weiterbildungsgruppe über die verschiedensten Qualitätsbereiche hinweg. Dies zeigt sich sowohl in stelleninternen Fortbildungen wie auch in extern ausgeführten Projekten und Kooperationen.

Das Weiterbildungsteam bemüht sich im Rahmen der stelleninternen Fortbildung um Schlüsselthemen der migranten- und kultursensiblen psychologischen Beratung. Die Sensibilisierung für gesellschaftliche Gewalt- und Ausgrenzungswirklichkeiten gehören genauso dazu wie die Beschäftigung mit der Bedeutung und Auswirkung von Kulturunterschieden im Beratungsgeschehen selbst. Kontakte zu ausländischen Fachkollegen unterstützen dies. Der Weiterbildungsausschuss fördert darüber hinaus auch internationale Arbeits- und Austauschprojekte.

6. Migranten- und kultursensible Kompetenz in der psychologischen Beratungsarbeit

Die Konzeption der migranten- und kultursensiblen Kompetenz orientiert sich am mehrdimensionalen Konzept der migranten- und kultursensiblen psychologischen Beratung. Diese Kompetenz beinhaltet keine neue psychologische Metatheorie, sondern zielt auf die Fähigkeit, psychologische Konzepte und Fertigkeiten unter den Bedingungen einer multiethnischen, multikulturellen Gesellschaft mit Minderheiten und einer Mehrheitsbevölkerung in der psychologischen Beratungsarbeit anzuwenden. Diese beinhalten sowohl die Arbeitsbeziehungen zwischen deutschen Beratenden und ausländischen Ratsuchenden wie auch die zwischen Beratenden mit Migrationshintergrund und Ratsuchenden ohne Migrationshintergrund.

In den bisher für den psychologischen Beratungs- und Psychotherapiebereich entwickelten Entwürfen zur interkulturellen Kompetenz (Sue, 1990; Pedersen, 1994) werden Bewusstheitsmerkmale, Wissensmerkmale und Fertigkeiten unterschieden, die die Beratungsarbeit angesichts bestehender kultureller Unterschiede berühren und zu Befangenheiten bei den am Beratungsprozess Beteiligten führen. Beispielhaft dafür sind die Arbeiten von Paul Pedersen (1987), der ein interkulturelles Fähigkeitsprofil für vier Dimensionen formulierte. Es geht um

- die Fähigkeit, Probleme und Konflikte aus der kulturellen Perspektive der/des Ratsuchenden zu benennen,
- die Fähigkeit, Reaktionen des Widerstands seitens der/des kulturverschiedenen Ratsuchenden zu erkennen und dies genau zu benennen,
- die Fähigkeit, die eigene Abwehr bzw. das eigene Vermeidungsverhalten in kulturell mehrdeutigen Beziehungen zu verringern, sowie
- die Fähigkeit, sich aus misslichen Beratungssituationen herauszuarbeiten.

Der hier vertretene Ansatz berücksichtigt darüber hinaus stärker die gesellschaftliche Situation mit den in der Gesellschaft vorherrschenden Konstruktionen zum Verhältnis von In- und AusländerInnen, MigrantInnen, Menschen mit Migrationshintergrund und darin vorkommenden Anschauungen von Ausgrenzung, Assimilation und Integration (Mecheril & Teo, 1997; Weiß, 2001). Die migranten- und kultursensible Kompetenz in der psychologischen Beratungsarbeit baut auf unterschiedlichen Lernzielen auf. Diese Lernziele beinhalten Kenntnisse, Fähigkeiten und Haltungen, die über unterschiedliche Lernwege erreicht werden können. Ziele, Inhalte, Fähigkeiten und Lernformen zur Erlangung von migranten- und kultursensibler Kompetenz beziehen sich auf das oben skizzierte Verständnis von migranten- und kultursensibler psychologischer Beratung und berücksichtigt verschiedene Ausbildungskonzepte, besonders die aus der Tradition des »cross-cultural counselling« (insbes. Pederson, 1987; Brislin, 1990) und eigene mehrjährige Erfahrungen in diesem Weiterbildungsbereich (Kunze, 2005).

Lernziele zur Erlangung einer migranten- und kultursensiblen Kompetenz

Es werden kulturbezogene Lernziele, gesellschaftsbezogene Lernziele und psychologische Beratungslernziele unterschieden.

Kulturbezogene Lernziele

- Reflexion der eigenen kulturellen Befangenheiten und Vorurteile
- Reflexion der eigenen Werte und Normen in der psychologischen Beratungsarbeit
- Reflexion der kulturellen Befangenheit psychologischer Modelle
- Wissen um die Unterscheidungsmerkmale kultureller Unterschiede bzw. Wissen um entsprechende Modelle
- Wissen um die Bedeutung von Sprache, Sprachunterschieden und Sprachvermittlung in der psychologischen Beratung
- Fähigkeit, mit DolmetscherInnen im Beratungskontext zusammenzuarbeiten
- Fähigkeiten im Umgang mit kulturellen Unterschieden

Gesellschaftsbezogene Lernziele

- Reflexion der eigenen gesellschaftlichen Befangenheit
- Kenntnisse über die gesellschaftspolitische Situation zum Thema Migration und Einwanderung
- Kenntnisse über Ausgrenzung, Diskriminierung und Rassismus gegenüber Menschen mit Migrationshintergrund
- Kenntnisse über Migrationsfakten
- Kenntnisse über die Teilhabequalität an gesellschaftlichen Gütern von Menschen mit Migrationshintergrund

- Fähigkeiten, psychologische Beratungsarbeit migrationssensibel für Menschen mit Migrationshintergrund zu gestalten

Beratungsbezogene Lernziele

- Sensibilisierung für den Prozesscharakter bei der Ausbildung von migranten- und kultursensibler Kompetenz
- Reflexion und Sensibilisierung für einen konstruktiven Umgang mit Nicht-Wissen (acknowledged ignorance)
- Reflexion über die Auswirkungen der eigenen kulturellen und gesellschaftlichen Befangenheit auf psychologische Beratung
- Wissen um die Klippen einer migranten- und kultursensiblen psychologischen Beratungsarbeit
- Wissen um die Epidemiologie psychischer Störungen im Kontext von Migration
- Fähigkeiten im Umgang mit schwierigen interkulturellen Beratungssituationen

Kompetenzen in der Einschätzung, im Umgang und in der Standpunktfähigkeit bezüglich des kulturellen Kontextes

In diesem Kompetenzbereich geht es um die Fähigkeiten, die im interkulturellen Kontakt gezeigten kulturellen Äußerungen und Bedeutungen in ihrer Ähnlichkeit und Verschiedenheit zu erfassen. Diese Kompetenzen gliedern sich in Sensibilitäten, Kenntnisse und Fähigkeiten.

Sensibilitäten

- Sensibilität für die eigenen kulturellen Prägungen und Befangenheiten
- Sensibilität für die eigenen Differenz- und Befremdungserfahrungen
- Sensibilität für die eigenen Erfahrungen des Kulturwechsels, des Kulturschocks und des Kulturlernens
- Sensibilität für die eigene kulturelle Toleranzgrenze
- Sensibilität für kulturelle Stolperfallen

Kenntnisse

- Kenntnisse bezüglich kultureller Wertorientierungen
- Kenntnisse über Ergebnisse der kulturvergleichenden Psychologie, Ethnologie und Kulturanthropologie
- Kenntnisse über die Auswirkungen von kulturellen Entbehrungen
- Kenntnisse über religiöse Überzeugungen und spirituelle Praktiken
- Kenntnisse über kulturell tabuisierte und schambesetzte Themen
- Kenntnisse über die Bedeutung von Muttersprache und Fremdsprachen in der psychologischen Beratungsarbeit
- Kenntnisse über die Kultursensibilität von Wortbedeutungen
- Kenntnisse über die Auswirkungen von Sprachbarrieren in der psychologischen Beratungsarbeit für Menschen mit Migrationshintergrund
- Kenntnisse über sprachreduzierte Beratungsansätze
- Kenntnisse bezüglich Akkulturationsprozessen

Fähigkeiten

- die Fähigkeit, mit kulturellen Unsicherheiten umzugehen
- die Fähigkeit zur Ambiguitätstoleranz
- die Fähigkeit zu kultursensiblen Fragetechniken
- die Fähigkeit zur kultursensiblen Kommunikation
- die Fähigkeit, in einer Fremdsprache psychologische Beratung zu leisten
- die Bereitschaft und Fähigkeit, mit DolmetscherInnen innerhalb einer psychologischen Beratungssituation zu arbeiten
- die Bereitschaft und Fähigkeit, landeskundliche Informationen zu den Herkunftsländern von Menschen mit Migrationshintergrund einzuholen
- die Fähigkeit, kulturelle Barrieren in der Beratungssituation konstruktiv anzusprechen
- die Fähigkeit, kulturelle Missverständnisse in der Beratungssituation konstruktiv anzusprechen und aufzulösen
- die Fähigkeit, eigene kulturelle Standpunkte einzunehmen

Kompetenzen in der Einschätzung und der Standpunktfähigkeit bezüglich des gesellschaftspolitischen Kontextes

Diese Kompetenzen beziehen sich auf Themen, die das Zusammenleben einer Mehrheitsbevölkerung mit Minderheitengruppen berühren, die demografische Realität und die soziopolitische Dynamik dieses Zusammenlebens mit den jeweiligen gesellschaftlichen Konstruktionen von »AusländerInnen«, »Fremden« und Migrationen. Diese Kompetenzen beinhalten Sensibilitäten, Kenntnisse und Fähigkeiten migranten- und kultursensiblen Verhaltens.

Sensibilitäten

- Sensibilität für die eigene gesellschaftliche Befangenheit aufgrund der Zugehörigkeit zu einer gesellschaftlichen Mehrheits-/Minderheitengruppe oder einem soziokulturellen Milieu
- Sensibilität für die eigene Statusbefangenheit

Kenntnisse

- Kenntnisse über die unterschiedlichen Formen und über die historischen und politischen Hintergründe von Migrationen
- Kenntnisse über die gesellschaftlichen Festlegungen der Migrationen und ihre Auswirkungen auf das Aufenthaltsrecht
- Wissen um die wichtigsten gesellschaftlichen Diskurse zur Flüchtlings-, Asyl- und Aufenthaltsdebatte
- Kenntnisse bezüglich der gegenwärtigen integrationspolitischen Rahmenbedingungen
- Wissen um die Besonderheiten unterschiedlicher Einwanderungsgenerationen
- Kenntnisse über Migrationsprozesse und Migrationsphasen
- Wissen um die rechtlichen Grundlagen für die psychotherapeutische und medizinische Behandlung von Menschen ohne Aufenthaltspapiere und Asylsuchende
- Wissen um die individuellen und gesellschaftlich-strukturellen Ausgrenzungsformen von Menschen mit Migrationshintergrund
- Kenntnisse bezüglich fremdenfeindlicher und rassistischer Gewalttaten in Deutschland
- Kenntnisse über die psychosoziale Versorgung und psychosoziale Versorgungsqualität von Menschen mit Migrationshintergrund

Fähigkeiten

- Fähigkeit, die Bedeutung von soziokulturellen Milieus für die Migrantin bzw. den Migranten zu erfassen
- Fähigkeit, einen eigenen gesellschaftlichen Standpunkt zu beziehen
- Bereitschaft und Fähigkeit, Menschen mit Migrationshintergrund in ihrer Teilhabe an gesellschaftlichen Gütern im Rahmen der psychologischen Beratungsarbeit zu unterstützen

Kompetenzen für die Bedeutung des gesellschaftlichen Kontextes von interkultureller Beratung können über entsprechende Vorträge, Workshops und Seminare entwickelt werden, interaktive Fähigkeiten können zudem über Besuche, Kontakte und Gespräche mit Mitgliedern von Minderheitengruppen zu verschiedenen Themen, zum Beispiel der psychosozialen, psychotherapeutischen und medizinischen Versorgung, erworben werden.

Unabdingbar für diesen Bereich ist die Befassung mit den Themen des Rassismus, der Diskriminierung und der Gewalt. Dies geschieht über Besuche in sozialen Brennpunkten und über Kontakte mit von Rassismus, Diskriminierung und Gewalt direkt Betroffenen. Die Bearbeitung der eigenen Befangenheit zu diesen Themen geschieht auch hier im Rahmen von Selbsterfahrungsgruppen.

Kompetenzen in der Anwendung von gesellschaftspolitischen und kulturellen Einsichten und Erfahrungen

Diese Kompetenzen befassen sich mit der Übertragung von gesellschaftspolitischen und kulturellen Einsichten und Erfahrungen auf die konkrete psychologische Beratungsarbeit. Diese

Kompetenzen beinhalten dabei besondere Sensibilitäten, besondere Kenntnisse und besondere Fähigkeiten.

Sensibilitäten

- Sensibilität für die Auswirkungen der eigenen kulturellen und gesellschaftlichen Befangenheit auf die psychologische Beratungsarbeit mit Menschen mit Migrationshintergrund
- Sensibilität für Machtverhältnisse und Machtsymmetrien
- Sensibilität für die eigene Unsicherheit in der Arbeit mit Menschen mit Migrationshintergrund

Kenntnisse

- Wissen um die psychologischen Theorien und Praktiken innewohnenden gesellschaftlichen und kulturellen Annahmen
- Kenntnisse bezüglich kulturell unterschiedlicher Krankheitsannahmen und kulturell unterschiedlicher Gesundheitskonzepte
- Kenntnisse von kulturgebundenen Symptompräsentationen
- Kenntnisse über ein multikausales Gesundheitsmodell
- Kenntnisse über alternative Heilverfahren
- Kenntnisse über minderheiten- und kultursensible psychosoziale, psychotherapeutische und medizinische Einrichtungen
- Kenntnisse über Traumatisierungen durch Krieg, Flucht, Gewalt
- Kenntnisse über Traumatisierungen im Ankunftsland
- Kenntnisse über Traumakonzepte
- Kenntnisse über Resilienz

Fähigkeiten

- die Fähigkeit, psychologische Interventionen und Techniken minderheiten- und kultursensibel einzusetzen
- die Fähigkeit, die verschiedenen Arten von Migration in ihrer gesellschaftlichen, kulturellen und psychologischen Bedeutung für den Einzelnen und für seine Familie zu verstehen
- die Fähigkeit, die Auswirkungen der Verschiedenheit der Muttersprachen in der Beratung auf die Beziehung zwischen Ratsuchenden und Beratenden und den Beratungsverlauf zu erkennen
- die Bereitschaft und Fähigkeit, mit DolmetscherInnen zu arbeiten
- die Fähigkeit, große Unterschiede in der gesellschaftlichen und kulturellen Herkunft von Ehepartnern und BeraterInnen in der psychotherapeutischen Paarberatung oder in der Arbeit mit multikulturellen Familien angemessen zu berücksichtigen
- die Fähigkeit, Übertragungs- und Gegenübertragungsreaktionen auf ihren gesellschaftlichen, kulturellen und psychologischen Gehalt hin zu verstehen und damit umzugehen
- die Fähigkeit, das eigene Abwehrverhalten in interkulturellen Beratungssituationen zu erkennen und zu verringern
- die Fähigkeit, Ratsuchende aus anderen gesellschaftlichen und kulturellen Gruppierungen an Beratende aus diesen Gruppierungen oder andere zu überweisen, wenn die Unterschiede der Herkunft in der psychotherapeutischen Arbeit zu Grenzen führen

Diese Sensibilitäten, Kenntnisse und Fähigkeiten in diesen drei Kompetenzbereichen verdichten sich in einer migranten- und kultursensiblen Haltung und zeichnen sich aus durch

- Selbstbewusstsein und Authentizität der Beraterin bzw. des Beraters,
- Standpunktfähigkeiten,

- kommunikative Offenheit und Neugier für die Migrantin bzw. den Migranten,
- Wertschätzung und Anerkennung der Gleichwertigkeit der Menschen mit oder ohne Migrationshintergrund im Beratungsprozess sowie
- Ambiguitätstoleranz und Geduld.

Lernformen zur Erlangung von migranten- und kultursensibler Kompetenz

Die Formen des Lernens und in der Entwicklung von migranten- und kultursensiblen Kompetenzen sind für Einzelne und für Teams unterschiedlich. Sie sind auch abhängig von den jeweiligen Lebensgeschichten und Teamkonstellationen.

Trainingsprogramme zum Erwerb von migranten- und kultursensiblen Kompetenzen unterscheiden sich darin, wie wissens-, selbsterfahrungs- und handlungsorientiert sie für die TeilnehmerInnen aufgebaut sind. Ein weiteres Unterscheidungsmerkmal ist, wie multiethnisch und multikulturell sie für die beteiligten DozentInnen konstruiert sind (Finanztest, 2004). Aus-, Fort- und Weiterbildungsmaßnahmen für migranten- und kultursensible Kompetenzen sollten so angelegt sein, dass die Bereiche Wissen, Selbsterfahrung und Beratungshandeln nicht in einseitigen Gewichtungen stehen, dass sie aufeinander bezogen sind und in Entwicklungsschritten aufeinander aufbauen.

Reflexion und Bearbeitung eigener Erfahrungen

Für die individuelle Erlangung einer migranten- und kultursensiblen Kompetenz sind Selbsterfahrungen bezüglich der eigenen kulturellen Situation und eigener kultureller Befremdungen unerlässlich, damit eigene Erfahrungen von Kulturwechsel, Kulturschock und kulturellem Lernen reflektiert werden können. Ebenso unerlässlich ist die Reflexion der eigenen gesellschaftlichen Situation in Selbsterfahrungsgruppen, wie sie durch die eigene Zugehörigkeit zur Mehrheits- oder zu Minderheitengruppen oder über die eigene Migrationsgeschichte gegeben ist. Dazu gehört auch die Bearbeitung eigener Diskriminierungserfahrungen, von eigenen bewussten oder unbewussten Rassismusbefangenheiten und dem eigenen emotionalen Echo auf gesellschaftlichen Debatten zu Flüchtlingen, zu Asyl und zur Einwanderungsgesetzgebung. Die Reflexion über die Erfahrungen in multiethnischen Arbeitsgruppen bzw. von internationalen Kontakten im Rahmen von Selbsterfahrungsgruppen ist dabei genauso förderlich wie die Reflexion von Besuchen an sozialen Brennpunkten und von Gesprächen mit Opfern von Ausgrenzung und fremdenfeindlicher und rassistischer Gewalt.

Wissensvermittlung

Wissensvermittlung kann auf vielfältige Weise in Ausbildungs- und Weiterbildungsmodulen zu Inhalten des gesellschaftlichen Kontextes und zu Inhalten der kulturellen Vielfalt geschehen, in denen kultur- und religionswissenschaftliche Inhalte, psycholinguistische Inhalte, gesellschaftspolitische Inhalte vermittelt werden und auf ihre Relevanz für die wichtigsten therapeutischen Orientierungen betrachtet werden. Diese Wissensvermittlung kann über Seminare, Vorlesungen und Referate ausgefächert werden. Sie bezieht die Bearbeitung wissenschaftlicher und praxisrelevanter Literatur zur migranten- und kultursensiblen psychologischen Beratungsarbeit in die Wissensvermittlung mit ein. Besonders effektiv ist die Wissensvermittlung, wenn sie in einen offenen Austausch bzw. in Diskussionsrunden eingebettet ist.

Handlungsorientierung

Die Handlungsorientierung bei der Entwicklung von migranten- und kultursensibler Kompetenz in der psychologischen Beratung wird über eine ganze Bandbreite von Übungen erreicht. Dazu gehört das Üben an Beratungsprotokollen, das Üben in Rollenspielen, die Teilnahme an Tandemberatungen. Sie wird verstärkt durch die begleitete Fallarbeit mit BeraterInnen unterschiedlicher gesellschaftlicher und kultureller Herkunft, sie wird verstärkt durch Hospitationen und Praktika an internationalen psychologischen Beratungseinrichtungen im In- und Ausland. Besonders wertvoll ist der Austausch mit erfahrenen KollegInnen unterschiedlicher kultureller Herkunft und aus unterschiedlichen gesellschaftlichen Gruppierungen. Dazu gehört auch der Austausch mit DolmetscherInnen. Eine gezielte Begleitung und Förderung in diesem Bereich wird über Fallsupervisionen und Einzelcoachings zur Arbeit mit MigrantInnen durch SupervisorInnen und Coachs erreicht, die mit kulturellen Themenstellungen und gesellschaftlichen Settings vertraut sind.

Formen der Kompetenzentwicklung für Teams

Interkulturelle Kompetenz an Psychologischen Beratungsstellen kann nicht nur zum fachlichen Anforderungsprofil des Einzelnen gehören. Die herausragende Bedeutung des Teams für die psychologische Beratungsarbeit selbst erfordert die Verankerung des Anliegens der migranten- und kultursensiblen Öffnung und von migranten- und kultursensibler Kompetenz auch im Team.

Reflexion im Team

Die Sensibilität der einzelnen MitarbeiterInnen wird durch die gemeinsame Reflexion der Beratungsarbeit gestärkt. Die gemeinsame Reflexion macht die Befremdungen zum Thema, die bei der/dem einzelnen MitarbeiterIn oder in der Gruppe über die Arbeit mit Menschen mit Migrationshintergrund entstehen, und versucht, sie in ihrer kulturellen, ihrer gesellschaftlichen und ihrer psychologischen Bedeutung für die Einzelne bzw. den Einzelnen und für die Gruppe zu verstehen.

Wissensvermittlung im Team

Fachtage und Teamfortbildungen an Beratungsstellen zu Inhalten migranten- und kultursensibler psychologischer Beratungsarbeit fördert die Kompetenz der einzelnen MitarbeiterInnen und des Teams. Der Austausch mit erfahrenen KollegInnen mit Migrationshintergrund bereichert die Wissensvermittlung. Auch landeskundliche Informationen im Team durch Vertreter aus den größten Migrantengruppen fördern das Wissen und die Sensibilität für die Ratsuchenden aus diesen Gruppierungen. Die Situation von MigrantInnen vor Ort, besonders von Flüchtlingen und Asylsuchenden, braucht immer wieder eine Erneuerung durch geeignete Inputberichte. Wissensvermittlung zu einer migranten- und kultursensiblen Orientierung geschieht auch im Austausch mit Beratungsstellen im In- und Ausland, die schon über längere Zeit in einer migranten- und kultursensiblen Orientierung psychologische Beratung leisten.

Handlungsorientierung im Team

Der wohl effektivste Weg, eine migranten- und kultursensible Orientierung in psychologischer Beratungsarbeit zu gewährleisten, geschieht durch Intervision der Fallarbeit und externe Supervision der Fallarbeit. Hier können kultursensible und gesellschaftssensible Kompetenzen direkt in die Fallarbeit eingeführt werden, reflektiert und überprüft werden. Der externe Supervisor sollte mit migranten- und kultursensibler psychologischer Beratungsarbeit vertraut sein. Eine wichtige und effektive Verankerung migranten- und kultursensibler Kompetenzen geschieht über eine Personalentwicklung in Richtung eines heterogen zusammengesetzten Teams mit Mitgliedern unterschiedlicher Migrationshintergründe und mit mehreren Muttersprachen, die in der Beratungsarbeit eingesetzt werden können. Externe Teamsupervision fördert die migranten- und kultursensible Integration von MitarbeiterInnen mit Migrationshintergrund in ein Team mit mehrheitlich deutschen MitarbeiterInnen ohne Migrationshintergrund.

Mit dieser Teamsupervision können auch die kulturellen und gesellschaftlichen Befremdungen, die in multiethnischen und multikulturellen Teams auftreten können, konstruktiv bearbeitet und aufgelöst werden. In der damit verbundenen Teamerfahrung liegen viele Ressourcen migranten- und kultursensibler Kompetenzen für die einzelne Mitarbeiterin bzw. den einzelnen Mitarbeiter und für ihre/seine Arbeit.

Aber auch für die Teams mit einer rein deutschen Mitarbeiterschaft gibt es vielfältige Wege, das Anliegen der migranten- und kultursensiblen Öffnung und der migranten- und kultursensiblen Kompetenz stärker im Team zu verankern. Auch hier ist die Supervision ein wertvolles Instrument, wenn sie in einer migranten- und kultursensiblen Orientierung stattfindet. Sehr hilfreich für die Fallsupervision ist die gelegentliche Einbeziehung von KollegInnen mit unterschiedlichem Migrationshintergrund.

Trainingsbereiche und Trainingsintensität

Das Erlernen und die Entwicklung von migranten- und kultursensiblen Kompetenzen und die Anwendung derselben auf die psychologische Beratungsarbeit kann den Bereichen des wissensorientierten, des selbsterfahrungsorientierten und des handlungsorientierten Lernens und unterschiedlichen Intensitäten zugeordnet werden. Dies kann in unterschiedlichen Intensitätsschritten im Rahmen von Aus-, Fort- und Weiterbildungsmaßnahmen erfolgen.

Trainings-intensität	Trainingsbereich		
	Wissensorientiert	**Selbsterfahrungsorientiert**	**Fertigkeitsorientiert**
einfach	Vorträge, Vorlesungen, Literaturstudium zu ausgewählten sozialpolitischen und kulturwissenschaftlichen Inhalten	Vorlesungen und Vorträge »alter Hasen«, Besuch kultureller Veranstaltungen (Musik, Tanz u.Ä.), Fremdsprachen lernen	Beobachtungen modellhaften Verhaltens in interkulturellen Situationen (in Livesituationen, Film oder Video)
mittel	Workshops und Seminare zu sozialpolitischen und kulturwissenschaftlichen Themen, Analyse kritischer Ereignisse über Textarbeit	Besuche in sozialen Brennpunkten (Auseinandersetzung mit Gewalt, Rassismus und Diskriminierung), Gespräche mit RepräsentantInnen von Minderheitengruppen zu Themen der psychosozialen und psychotherapeutisch-medizinischen Versorgung, Auslandsaufenthalte mit Reflexion des eigenen kulturellen Lernens, Teilnahme an internationalen Workshops	Besuch von internationalen Beratungsstellen, Gruppengespräche zu in Videos präsentierten Beratungssituationen, Rollenspiele mit einfachen interkulturellen Beratungssituationen
hoch	Übertragung sozial- und kulturwissenschaftlicher Einsichten auf Beratungssituationen, Protokollarbeit und Textanalyse	Selbsterfahrungsgruppen zu Themen der eigenen Befangenheit bzgl. Diskriminierung, Rassismus und Gewalt, Selbsterfahrungsgruppen zu Themen der eigenen kulturellen Befangenheit bzgl. des Kulturwechsels, -schocks und eigener oder familiärer Migration	Rollenspiele zu komplexen interkulturellen Situationen, Tandemberatung, begleitete Fallarbeit, Praktikum bzw. Hospitation an internationalen und interkulturell arbeitenden Beratungsstellen

7. Praxisfelder migranten- und kultursensibler psychologischer Beratung

Migranten- und kultursensible psychologische Beratung geschieht mit allen Gruppierungen von MigrantInnen, sie wird als Einzelberatung, als Paarberatung und als Familienberatung durchgeführt. Sie geschieht vorwiegend an Erziehungsberatungsstellen und an Psychologischen Beratungsstellen für Ehe-, Familien- und Lebensberatung. Die Zahlen von Ratsuchenden mit Migrationshintergrund an diesen Stellen steigen. Es sind Menschen, die in der ersten, zweiten oder dritten Generation in Deutschland leben.

Ebenso nehmen die Zahlen von bikulturellen Paaren zu, die psychologische Beratung suchen. Es finden auch Senioren und Seniorinnen mit Migrationshintergrund zu den Beratungsstellen. Sie gehören sowohl der Generation an, die über Anwerbeverträge nach Deutschland gekommen war, zu ihnen gehören aber auch Angehörige von deutschstämmigen Vertriebenen und von unterschiedlichsten Flüchtlingsgruppen. Deutlich ist darunter auch der Anteil von Frauen und Männern mit ausländischer Herkunft, die im Rahmen der Eheschließung mit einem deutschen Partner nach Deutschland gekommen waren. Die starke Zunahme von Flüchtlingen und Asylsuchenden hat zum Ausbau von psychosozialen Diensten für Flüchtlinge geführt, sei es in der ambulanten und der stationären Betreuung von unbegleiteten minderjährigen Flüchtlingen wie auch durch Sozialdienste in den Flüchtlingsunterkünften selbst, die zum Teil mit psychologischen Beratungsdiensten vernetzt sind.

All diese Dienste mit ihren Trägern und MitarbeiterInnen stehen vor der Herausforderung, die Einsichten und Erfahrungen der migranten- und kultursensiblen psychologischen Beratungsarbeit aus den vergangenen Jahren auf ihr jeweiliges Arbeitsfeld zu übertragen.

Im Folgenden werden Beratungssituationen, an denen Menschen mit den unterschiedlichsten Migrationshintergründen beteiligt waren und die aus verschiedenen Beratungsfeldern stammen, beschrieben und im Kontext einer migranten- und kultursensiblen Beratungsorientierung kommentiert.

Psychologische Einzelberatung mit MigrantInnen

Die Zahl von MigrantInnen, die psychologische Einzelberatung suchen, steigt seit Jahren deutlich an. Dies ist insbesondere bei den Beratungsstellen zu spüren, die ein mehrsprachiges Angebot haben. Die MigrantInnen, die eine Beratungsstelle aufsuchen, gehören den unterschiedlichsten Generationen an. Sie kommen meistens auf Empfehlung von ÄrztInnen, SozialarbeiterInnen, SeelsorgerInnen oder einer Behörde wie dem Sozialamt- oder dem Jugendamt. Es sind zumeist Frauen, die eine Beratungsstelle aufsuchen. Anlässe sind häufig Beziehungskonflikte in der Familie, Probleme am Arbeitsplatz und Überforderung; insbesondere Frauen sind durch die simultane Bewältigung von Erziehungs- und Haushaltsaufgaben, Anstrengungen am Arbeitsplatz und dem Eingehen auf Partnererwartungen betroffen.

Die ratsuchenden MigrantInnen stehen dabei unter großem inneren Druck, gleichzeitig äußern sie oft Zweifel darüber, ob die deutschen MitarbeiterInnen in der Beratungsstelle überhaupt in der Lage seien, sie in ihrer Situation zu verstehen. Sie thematisieren dabei die sprachlichen Schwierigkeiten und Hürden, wenn keine muttersprachliche Beratung möglich ist. Zuweilen sprechen sie auch direkt die vielen Enttäuschungserfahrungen, die sie in anderen Einrichtungen und bei Behörden gemacht haben, an, in denen sie sich nicht verstanden fühlten bzw. nicht zufriedenstellend behandelt sahen. Ihr Kommen stellt die MitarbeiterInnen zumindest vor zwei besondere Herausforderungen. Zum einen ist die Kontaktaufnahme zu den Ratsuchenden kulturell niedrigschwellig zu gestalten. Dies bedeutet entweder ein muttersprachliches Beratungsangebot oder den Einsatz einer/eines Dolmetschenden. Zum anderen sind die MitarbeiterInnen an Beratungsstellen mit den konkreten Defiziten in der Teilhabe der MigrantInnen an den gesellschaftlichen Dienstleistungen und Gütern befasst, die sich schon in der Kontaktaufnahme und beim ersten Beratungsgespräch artikulieren. Es gehört deshalb zu den Anfangsaufgaben der Kontaktherstellung, Verständnis für die kulturellen und gesellschaftlichen Barrieren zu äußern und ausführlich auf die Dienstleistung der psychologischen Beratung einzugehen.

Außendarstellungen von psychologischen Beratungsstellen, die die Konfliktlagen von MigrantInnen in ihren Beratungsinhalten erwähnen oder die Bereitschaft formulieren, der/dem Ratsuchenden sprachlich durch muttersprachliche Beratung oder Beratung mit DolmetscherInnen entgegenzukommen, haben vertrauensbildende Wirkung und erleichtern für MigrantInnen die Inanspruchnahme eines psychologischen Beratungsdienstes. MigrantInnen spüren, ob sie an einer psychologischen Beratungsstelle willkommen sind oder ob sie als MigrantInnen die MitarbeiterInnen überfordern.

Psychologische Einzelberatung mit Frau A.

Frau A. ist Spanierin, 59 Jahre alt und lebt seit 40 Jahren in Deutschland Sie ist mittelgroß, korpulent, im Gehen und in der Sitzhaltung wirkt sie hölzern, aufrecht. Sie spricht flüssig Deutsch, wirkt dabei energisch. Auf Spanisch ist ihr Redefluss noch vehementer, fast nicht enden wollend. Frau A. berichtet, dass sie von der Mitarbeiterin der Spanischen Mission an die Beratungsstelle verwiesen wurde.

Sie sei bei verschiedenen Ärzten in Behandlung. Ihr Hausarzt, der sie wegen rheumatischer Arm- und Schulterbeschwerden behandle, habe sie auch zum Psychiater überwiesen. Sie sei dort wegen ihrer Depressionen und ihrer Kopfschmerzen in Behandlung. Dieser Arzt habe ihr ebenfalls unsere Stelle genannt. Wegen Wirbelsäulenschmerzen sei sie auch bei einem Orthopäden. Das für sie Schlimmste seien im Augenblick die Kopfschmerzen. Sie habe Angst, die Orientierung zu verlieren oder in Panik zu verfallen. Deswegen habe sie in ihrem Täschlein immer Medikamente bei sich, die sie allerdings nicht benutze. Sie seien wie ein Medaillon für sie.

Über ihre Lebenssituation berichtet sie, dass sie zusammen mit ihrem acht Jahre jüngeren deutschen Mann lebe und zwei Kinder im Alter von 26 und 22 Jahren habe. Sie würden im Haus der Schwiegermutter leben, die selbst eine kleine Wohnung im Dachgeschoss habe. Die häusliche Situation sei für sie seit Jahren sehr schwierig, da die Schwiegermutter sie als Ausländerin nie anerkannt habe und ihr Mann sie als Hausangestellte betrachte. Allein die Kinder würden für sie das Leben noch lebenswert machen. Sie sei vor 27 Jahren nach Deutschland gekommen und habe anfangs in Textilfabriken gearbeitet. Sie habe dann ihren Mann kennengelernt und geheiratet. Dies sei wohl ihr größter Fehler gewesen. Sie sei nach Deutschland mit vielen Hoffnungen gekommen, da sie schon früh ihren Vater verloren habe. Dieser wurde während des Spanischen Bürgerkrieges von den Faschisten erschossen, die Mutter habe kurz darauf einen Schlaganfall erlitten. Sie und ihre ältere Schwester seien dann kurz von Verwandten aufgenommen worden und dann in ein kirchliches Kinderheim übergeben worden. Dort seien sie bis zur Volljährigkeit gewesen.

Weinend erzählt sie dann, dass sie seit drei Jahren arbeitslos sei. Sie würde sehr gern arbeiten, aber mit ihren vielen körperlichen

Beschwerden sei es fast unmöglich, etwas zu finden. Auch das Arbeitsamt habe ihr angedeutet, dass sie schwer vermittelbar sei. Ihr Hausarzt habe für sie einen Rentenantrag eingereicht, der noch in Bearbeitung sei. Aber sie bezweifle, ob die deutschen Behörden ihre Situation verstehen könnten.

Der psychologische Bedeutungskontext

Diese Verständnisfolie setzt an der Geballtheit und Verflechtung der körperlichen und psychischen Symptome von Frau A. an und versucht ein Verständnis für ihre Weise, Fassung zu bewahren und auszuhalten, zu gewinnen. Die Anfangsschilderung lässt viele psychologisch relevante Ereignisse erkennen, die frühkindliche Traumatisierung ob des Schicksals ihrer Eltern, ihr Schicksal als Migrantin, die sehr schwierige Ehe- und Familiensituation und ihre Arbeitslosigkeit. Zeigt sich hinter ihrer Weise, Fassung zu bewahren, eine tiefe Angst, die Kontrolle über ihr Leben zu verlieren, oder ist es eher eine Reaktionsform, um Veränderung innerhalb der Ehe und Ablösung der Kinder zu vermeiden? Im Fortgang der Beratung liegt die Aufgabe darin, jeweils den psychologischen Gehalt der verschiedenen Konfliktsituationen aus dem lebensgeschichtlichen, dem gesellschaftlichen und dem kulturellen Kontext neu zu erfassen und zu thematisieren.

Der kulturelle Bedeutungskontext

Migration und die Ehe mit ihrem deutschen Mann haben für die Ratsuchende eine enorme kulturelle Entbehrung mit sich gebracht. Sie hatte über Jahrzehnte nur noch sporadisch die Möglichkeit, in ihrer Sprache zu sprechen. Mit ihren Kindern spricht sie Deutsch, ihre Muttersprache erscheint zur Binnensprache für die inneren Zwiegespräche reduziert. Selbst der Kontakt zur Spanischen Mission eröffnet ihr nur gelegentlich die Möglichkeit, mit Landsleuten zu sprechen, die sprachliche und religiöse Tradition zu pflegen. Auffällig ist, dass sie kaum Kontakte zu ihrer Herkunftsfamilie in Spanien hat. Drückt sich hier ihre traumatische kulturelle Erfahrung aus, dass entgegen der kulturellen Norm des »parentesco« (= des familiären Zusammenhalts) sie von ihren Verwandten in ein kirchliches Heim gegeben wurde.

Der gesellschaftliche Bedeutungskontext

Frau A. ist Arbeitsmigrantin, ist »Gastarbeiterin«. Die Arbeitsmigration war für sie ein Aufbruch und eine Chance für ein neues Leben und einen gesellschaftlichen Status als Arbeiterin. Der Verlust der Arbeit wirkt für sie besonders schwer. Das Konzept der »Gastarbeiterin« ist unmittelbar mit der Arbeit verknüpft. Der Wegfall der Arbeit entlarvt die Verlogenheit des Begriffs »Gastarbeiterin«. Nach 40 Jahren Migration steht damit für sie auch die Bilanzierung der Migration, des Sinns von Migration an. Ihre Ehesituation schafft ihr dabei wohl keine Entlastung, verschärft möglicherweise ihre gesellschaftliche Orientierungslosigkeit. Die Arbeitslosigkeit schwächt zumindest ihre finanzielle Autonomie.

Für ihren vehementen Auftritt im Aufnahmegespräch an der Beratungsstelle gibt es einen weiteren gesellschaftlichen Bedeutungskontext. Sie hat in vorherigen Gesprächen bei Ärzten und in Behörden den Eindruck gewonnen, nicht vollständig verstanden zu werden. Sie sieht sich sprachlich benachteiligt und tritt daher umso bestimmter auf.

Teambesprechung

In der Teamdiskussion zu Beginn der Beratung wird schnell deutlich, dass angesichts der Geballtheit und Komplexität der Themen und Kontexte der Berater die Aufgabe hat, der spanischen Frau zu vermitteln, dass sie an der richtigen Stelle ist und dass ihre Themen ihren Platz finden. Ihr soll dabei eine Beratung in Spanisch angeboten werden Für die inhaltliche Gewichtung der Themen wird empfohlen, der Frau genügend Raum zu geben, um ihre persönliche Lebens- und Familiengeschichte mit ihren Migrationserfahrungen zu schildern und dabei herauszufinden, wo sie den größten Leidens- und Veränderungsdruck spürt. Die Themen in der Beratung könnten sich dann entlang der Dringlichkeiten entwickeln. Das Team empfiehlt, an der konkreten Situation der Arbeitslosigkeit anzusetzen und den gesellschaftlichen Bedeutungskontext besonders ernst zu nehmen.

Beratungsverlauf

Die psychologische Beratung hatte in den ersten Stunden den Charakter einer Krisenintervention. Sie zielte darauf, der Ratsuchenden in ihrem Sicherheitsbestreben Halt anzubieten und sie willkommen zu heißen. Angesichts ihrer Skepsis ging es dabei auch darum, ihr Vertrauen zu gewinnen, dass eine gemeinsame Abwägung und ein gemeinsames Sortieren der sie bedrängenden Situationen sie darin stärken würde, ihre eigene Zukunft selbst zu gestalten und den Herausforderungen angemessen zu begegnen. Im »Sortieren« der für sie drängendsten Themen schälte sich sehr schnell heraus, dass der Verlust der Arbeit für sie besonders bedrohlich und beängstigend war. Deshalb setzte die Beratungsarbeit hier an, bestärkte die Ratsuchende, mit ihrem Arzt zusammen den Rentenantrag zu stellen und sich dazu auch besonders zu informieren. Die Kontaktaufnahme zum Arzt wie auch zu einer sozialrechtlichen Beratungseinrichtung seitens des Beraters ermutigte die Ratsuchende und beschleunigte die Antragstellung. Diese gesellschaftliche Selbstbehauptung entlastete sie sehr.

Die »kulturelle Vereinsamung« wurde zum Thema in einer zweiten Beratungsphase. Die Ratsuchende eröffnete die Hintergründe dieser kulturellen Vereinsamung und der für sie damit einhergehenden alten Kränkungen. Sie hatte schon in ihrer Kindheitsgeschichte die Erfahrungen gemacht, von den eigenen Verwandten, von der eigenen Kultur entgegen des Kulturwerts des

»parentesco« verraten worden zu sein. Die Möglichkeiten der neuen Medien wurden für sie im Verlauf der Beratung zu einer Möglichkeit, ganz selbstständig und neu wieder in Kontakt zur sprachlichen und kulturellen Situation in Spanien zu treten.

In einer dritten Beratungsphase machte die Ratsuchende ihre Ehe- und Familiensituation zum Thema. Es wurde deutlich, dass sie sich nach jahrelangem Streit mit ihrem Mann auseinandergelebt hatte. Ihre katholische Sicht der Ehe hatte eine Scheidung für sie undenkbar gemacht. Die Beratung half ihr, die zerrüttete Situation anzuerkennen und in der Wohnsituation mit ihrem Mann effektiver eine »entflochtene Wohn- und Lebensform« anzustreben. Auch diese innerfamiliäre Selbstbehauptung brachte für sie eine neue Lebensqualität.

Am Ende der Beratung berichtete Frau A., dass sie mithilfe eines Anwalts auch eine Entschädigung als Opfer des Faschismus vom spanischen Staat erwirkt hatte. Frau A. wirkte am Ende der insgesamt 17-stündigen Beratung gelassener und zuversichtlicher im Blick auf ihr Leben und auf ihre Zukunft in Deutschland.

Psychologische Einzelberatung mit Frau B.

Eine junge türkische Frau, 23 Jahre alt, meldet sich persönlich an der Stelle an und bittet in sehr gebrochenem Deutsch um einen Termin. Sie trägt ein Kopftuch, ist seit fünf Jahren verheiratet und hat zwei Kinder. Sie macht deutlich, dass sie nur bestimmte Termine wahrnehmen könne, immer dann, wenn sie ihren Sohn zu einem Arzt begleite. Sie möchte nicht, dass ihr Mann von dem Besuch erfährt. Die deutsche Mitarbeiterin erlebt die Frau in der Terminverhandlung eher als unflexibel und störrisch. Im ersten Orientierungsgespräch mit einer islamischen Kollegin im Team schildert die junge Frau ihre für sie sehr bedrückende Familiensituation, das Zusammenleben mit ihrem alkoholkranken und gewalttätigen Mann, die weitgehende Isolierung im häuslichen Bereich, die starke Einbin-

dung in die Schwiegerfamilie des Mannes. Ihr Mann sei türkischer Herkunft, sei aber hier in Deutschland geboren. Er habe sie in der Türkei kennengelernt, mit dem Eheschluss sei sie nach Deutschland gekommen. Ihr Hausarzt hat sie angesichts zunehmender psychosomatischer Beschwerden an die Stelle verwiesen.

Der psychologische Bedeutungskontext

Das als mühselig und störrisch empfundene Verhalten der jungen türkischen Frau erfährt besondere Aufmerksamkeit. Ist dieses Verhalten Ausdruck einer bestimmten Persönlichkeitsentwicklung, Ausdruck der ungewohnten Situation an der Beratungsstelle oder Hinweis auf ein kulturelles Problem oder eine Form einer paradoxen Kommunikation oder ein Hinweis auf die Paardynamik? Diese Verständnisfolie spürt dem Verhalten der jungen Frau ihrem alkoholkranken und gewalttätigen Mann gegenüber nach und ihrem Part in der Abhängigkeit. Diese Verständnisfolie versucht zu erfassen, wo sie den größten Leidensdruck erfährt, als Ehefrau, als Mutter, als Tochter oder als Schwiegertochter. Die Beraterin ist von dem massiven Druck, der Hilflosigkeit und den großen Verständigungsschwierigkeiten der Frau beeindruckt.

Diese Verständnisfolie versucht nicht nur den psychologischen Gehalt der häuslichen Konfliktsituation zu erfassen, sondern es geht auch um ein Begreifen der kulturellen und religiösen Konflikte, in denen sie sich möglicherweise befindet. Offensichtlich ist ihr Verhalten auch vom konkreten gesellschaftlichen Kontext geprägt, in dem es ihr als Türkin nicht gelingt, eine muttersprachliche Beratung zu erhalten, und der sie dadurch in eine sehr mühselige Kommunikationsform zwingt.

Der kulturelle Bedeutungskontext

Die türkische junge Frau begibt sich mit dem Gang an die Beratungsstelle nicht nur in einen Loyalitätskonflikt mit ihrem Mann, sondern auch in einen kulturellen und religiösen Loyalitätskonflikt. Sie geht nicht zu den Frauen in den Herkunftsfamilien, sie begibt sich an eine Einrichtung mit einer anderen religiösen Trägerschaft. Das Sprechen mit der muslimischen Kollegin entlastet sie, nimmt ihr aber nicht ihr sprachliches Dilemma. Sie geht in das kulturell Fremde, was sie zwingt, sich ebenfalls kulturell zu behaupten. Sie zeigt darin kulturelle Offenheit wie auch Mut.

Der gesellschaftliche Bedeutungskontext

Diese dritte Verständnisfolie greift die sprachliche Situation der türkischen Frau an der Beratungsstelle auf. Die Mühseligkeit der sprachlichen Kommunikation weist auf ein häufiges Problem vieler ausländischer Minoritäten hin: die Abwesenheit muttersprachlicher Dienste und die damit verbundene Erschwernis, an der psychosozialen Infrastruktur der Mehrheitsgesellschaft teilzuhaben. Ausländische Ratsuchende, die unter großem inneren Druck stehen, können dies sprachlich nur unzureichend ausdrücken. Dies führt zu zusätzlichem Druck und entsprechendem Verhalten aus Angst und Unmut. Die Überforderung der deutschen MitarbeiterInnen in diesen Situationen ist offensichtlich. Sie suchen nach Rechtfertigungen oder neigen zu Vermeidungsverhalten, was letztlich dem Aufbau einer förderlichen Beratungsbeziehung nicht dienlich ist.

Teambesprechung

In der Teambesprechung zeichnet sich bezüglich der Bedeutung der Störrisch- und Hilflosigkeit der Ratsuchenden eine Polarisierung zwischen deutschen und ausländischen KollegInnen ab, was aber die Reflexion über den gesellschaftlichen Kontext von Beratung fördert. Diese Diskussion öffnet auch den Zugang zur Gewaltsituation, der sich die türkische Frau von ihrem Mann her ausgesetzt sieht. Das Team empfiehlt der Beraterin, die Beratung in den Dienst des Schutzes der Frau zu stellen und die Gewalt in der Familie offen anzusprechen. Die religiösen Ressourcen sollten dabei genutzt werden. Der Beraterin wird des Weiteren empfohlen, der jungen Frau ausführlich die Dienstleistung der Beratungsstelle zu erklären und sie über die deutsche Infrastruktur psychosozialer Hilfen aufzuklären, wo es sinnvoll ist.

Beratungsverlauf

Die Beratung verläuft über elf Stunden jeweils in größeren Abständen von drei bis vier Wochen. Frau B. wird darin bestärkt, sich zu schützen und ihr Leben eigenständiger zu gestalten. Die Beraterin erklärt die Rechtssituation der Frau gegenüber ihrem Mann im gesellschaftlichen Raum wie auch die islamische Sicht der Würde der Frau. Sie ermuntert die türkische Frau, über Angehörige ihrer eigenen Familie in der Familie ihres Mannes zu intervenieren und die Gefährdungssituation für alle zu benennen. Sie ermuntert darüber hinaus dazu, mit dem Hodscha ihrer Moschee Kontakt aufzunehmen und über ihre Situation zu sprechen. Sie erarbeitet darüber hinaus mit der türkischen Frau einen »Notfallkoffer«, der ihr im Gewaltnotfall Hilfe und Schutz ermöglicht. Frau B. nimmt die Beratung gern war, wirkt sehr lernbereit. Sie macht deutlich, dass sie um ihre Ehe und Familie kämpfen möchte, so lange es geht. In der siebten Stunde berichtet Frau B. von einer weiteren Gewalteskalation, die sie dazu gezwungen habe, mit ihren Kindern zu einer Freundin und deren Familie zu flüchten. Sie vermittelt ihrem Mann, dass sie sich von ihm trennen werde, wenn er sich nicht einer Entzugstherapie unterziehe. Frau B. berichtet danach, dass sie zu ihrem Mann zurückgekehrt sei. Er habe mit dem Entzug begonnen. Sie selbst habe vor, eine Teilzeitbeschäftigung aufzunehmen. Frau B. beendet die Beratung, als sie ihre Teilzeitbeschäftigung antritt. In ihrer Beratungsbilanz hebt sie besonders hervor, dass sich die Unterstützung der Beraterin für den Aufbau ihres Netzwerkes von innerfamiliären und außerfamiliären Unterstützern als besonders hilfreich erwiesen hatte und für sie die Beratungsstelle zu einem wichtigen Schutzraum geworden war.

Psychologische Paarberatung mit bikulturellen Paaren

Obgleich es schwierig ist, Paare statistisch zu erfassen, in denen mindestens ein Partner einen Migrationshintergrund hat, wird davon ausgegangen, dass inzwischen jede sechste Paarbeziehung eine bikulturelle Beziehung ist. In der Konstellation von bikulturellen, bireligiösen und binationalen Paaren spiegelt sich die Migrationsgeschichte von Arbeitsmigranten, Flüchtlingen und Asylsuchenden der Nachkriegsepoche wider, die zum Zuzug und zur Einwanderung von MigrantInnen aus den unterschiedlichsten Regionen aus Europa, aber auch von außerhalb Europas geführt hat. Die Öffnung der Grenzen innerhalb Europas und der damit einhergehenden Mobilität haben die Möglichkeiten bikultureller Paarkonstellationen weiter wachsen lassen. Sie sind Paare der Spätmoderne und haben ihre eigenen Herausforderungen.

Bikulturelle Paare stehen vor der Lebensaufgabe, ihre Liebe und Zuneigung mit und innerhalb ihrer unterschiedlichen Orientierungen weiter zu entwickeln und zu gestalten. Sie sind darin aber mit den gesellschaftlichen Konstellationen von Mehrheitsgesellschaft und Minderheiten, mit den Diskursen um die Stellung der MigrantInnen in der Gesellschaft und mit Diskriminierung und Rassismus gegenüber MigrantInnen befasst.

Sie haben ihre Verständigung und ihre Verstehensprozesse so zu gestalten und zu entwickeln, dass sie beiden dient, der Erhaltung ihrer Zuneigung und der Achtung ihrer unterschiedlichen kulturellen und religiösen Orientierungen. Sie leben die Pluralität der Orientierungen in der kleinsten Beziehungseinheit.

Paare in dieser Situation brauchen eine innere konstruktive

Haltung, eine innere Bereitschaft und die Neugierde, zu lernen, zu hören und zu fragen. Sie brauchen die Fähigkeit, das Gehörte und das Erlebte mit den eigenen Ohren und immer auch mit den Ohren des Anderen aufzunehmen und zu bedenken. Jeder Partner braucht ein gehöriges Maß an innerer Flexibilität, emotional und intellektuell, um sich in seiner Verständigung mit dem Anderen sowohl selbst in seinen Verwurzelungen zu sehen und dennoch dazu auf Abstand zu gehen, um den anderen Partner verstehen zu können.

Eine bikulturelle Paarbeziehung gelingt nicht in der Verleugnung der eigenen Wurzeln, sondern in Beachtung und Wertschätzung der eigenen Verankerungen. Aus der gelebten Selbstachtung des Eigenen erwächst die Freiheit auf den Anderen und seine Unterschiedlichkeit hin. Bikulturelle Paare und bireligiöse Paare leben die Achtung der Unterschiede und nicht die Nivellierung derselben. Ihre Beziehung lebt von der Authentizität jedes Einzelnen und der Toleranz zum Anderen hin. Dabei greifen auch die gesellschaftlichen Verhältnisse mit ihrer Ausgrenzungs- und Integrationsrealität oft direkt in die Paarbeziehungen mit ein. Die Paare haben oft die Erfahrungen gesellschaftlicher Benachteiligung, von Rassismus und Gewalt für mindestens einen der Partner zu verarbeiten. Diese Verarbeitung stellt die Partner vor große Herausforderungen in der Belastbarkeit ihrer Beziehung.

Die psychologische Beratung von bikulturellen Paaren beinhaltet, wie die Beratung bei anderen Paaren auch, ein Bemühen um das Wohl und Wehe der Paare, um ihre Ängste und Krisen, um eine verbesserte Kommunikation, um Lösung von Konflikten und um die gedeihliche Entwicklung des Paares. Die psychologische Beratung geschieht in einer lebensgeschichtlichen Perspektive unter Beachtung von Paarprozessen und ihren Krisen. Für die psychologische Paarberatung mit bikulturellen Paaren werden darüber hinaus auch die kulturellen und gesellschaftlichen Bedeutungen der von den Paaren eingebrachten Konflikt- und Leidensthemen wichtig. Die Berücksichtigung der kulturellen Aspekte der Konflikte des Paares, zum Beispiel durch die Auswirkungen der unterschiedlichen Sprachen und der unterschiedlichen Wertorientierungen, wie auch die Berücksichtigung gesellschaftlicher Aspekte des Migrantendaseins und der davon ausgehenden Belastungen für das Paar sind Bestandteile des Verstehens- und Verständigungsprozesses für die Paarberatung und werden Bestandteile von Lösungen in Konflikten und im Leiden.

Psychologische Paarberatung mit Herrn und Frau D.

Ein junges Paar Mitte 30 meldet sich an die Stelle. Sie ist Deutsche mit einem schwäbischen Namen, er stammt aus Ägypten. Sie sind seit fünf Jahren miteinander verheiratet und haben eine vierjährige Tochter. Er ist Muslim, sie ist Katholikin. Sie hatte ihn während eines Urlaubsaufenthaltes kennengelernt. Sie haben nach einigen Monaten geheiratet, ein Jahr in Ägypten gelebt, um dann nach Deutschland zu ziehen. Herr D. ist Ingenieur, Frau D. ist Erzieherin. Beide hatten sich durch den Umzug bessere berufliche Chancen versprochen. Frau D. arbeitet in ihrem Beruf. Herr D. hat nach verschiedenen Aushilfstätigkeiten noch keine feste Anstellung gefunden. Inzwischen leben beide seit vier Jahren in einem kleinen Dorf in der Nähe des Schwarzwaldes. Im ersten Gespräch, das auf Englisch geführt wird, sind beide sehr gereizt. Herr D. beklagt sich vehement darüber, dass er sich in seinem Haus ständig missachtet sehe. Als Beweis dafür – es ist Anfang Dezember – beklagt er, dass seine Frau und deren Verwandte mit Adventschmuck beschäftigt seien, ihm aber den Glückwunsch nach dem Ramadan versagt hätten. Frau D. schüttelt den Kopf und verwahrt sich heftig. Er selbst würde auf seine Religion keinen großen Wert legen, nicht einmal seiner Tochter erzählte er etwas. Im Verlauf des ersten Gesprächs machen beide deutlich, dass sie sich lieber trennen würden, falls die angespannte Streitsituation sich nicht verändern ließe.

Der psychologische Bedeutungskontext

Es ist offenkundig, dass sich in der Reizbarkeit beider im Anmeldegespräch Überforderungen, Hilflosigkeit und Verzweiflung zum Ausdruck bringen. Dies mit deutlich eingeschränkten kommunikativen Möglichkeiten, in denen die Verständigung beider in einer gemeinsamen Drittsprache erfolgt. Offensichtlich hat das Paar auch mit Desillusionierungen in ihrer Partnerschaft zu kämpfen, die sich in Selbstwertkonflikten beider äußern. Beide sind auf der Suche nach Halt und Bestätigung, haben aber den Blick für das Verbindende ihrer Beziehung, für die Attraktivität ihrer Beziehung verloren. Schon im Anmeldegespräch deutet sich die Migrationsgeschichte des Mannes als Quelle der Desillusionierung und als große Herausforderung für die Partnerschaft an. Auffällig ist, dass sich die Konflikte beider in den religiösen Unterschieden verdichten, dass Religion zum Zankapfel geworden ist. Die Bedeutung des gemeinsamen Kindes für beide wird im Anfangsgespräch nicht deutlich.

Der kulturelle Bedeutungskontext

Herr und Frau D. haben unterschiedliche kulturelle und religiöse Hintergründe. Diese Unterschiedlichkeit war möglicherweise am Anfang der Beziehung Bestandteil der gegenseitigen Attraktivität und hat die Beziehung damit auch inspiriert. Beide haben vermutlich die Tragweite der kulturellen und religiösen Unterschiede unterschätzt, dies wohl schon während der gemeinsamen Zeit in Ägypten wie auch jetzt in Deutschland. Sprachlich sind sie sich ein Stück weit fremd geblieben, Frau D. spricht kaum Arabisch, Herr D. ein schlechtes Deutsch. Auch ihr Englisch ist reduziert. Sich authentisch verhalten zu können, ist für beide zu einer enormen kulturellen Herausforderung geworden. Auffällig sind die Veränderung der religiösen Orientierung von Herrn D. und seine plötzliche Hinwendung zu seinem islamischen Hintergrund und die Auswirkung dieser Entwicklung auf die Beziehung.

Der gesellschaftliche Bedeutungskontext

Herr und Frau D. sind ein Paar, das mit besonderen Auswirkungen der Migrationsgeschichte von Herrn D. umzugehen hat. Die Motive und Wünsche für den Umzug von Ägypten nach Deutschland haben sich für beide als Illusion erwiesen, wobei Herr D. davon besonders betroffen ist. Herr D. hat den Zugang zum Arbeitsmarkt nicht gefunden, er hat kaum Deutsch lernen können und wirkt im Wohnort beider verloren als Außenseiter. Er ist nicht integriert. Er ist vermutlich ob seines Aussehens und seinen begrenzten sprachlichen Möglichkeiten vielen offenen und verdeckten Feindseligkeiten ausgesetzt, was Frau D. vermutlich immer wieder in Vermittler- und Ausgleichspositionen bringt. Aus dem gesellschaftlichen Bedeutungskontext erwachsen der Paarbeziehung eigene Belastungen und Herausforderungen.

Teambesprechung

In der Teamdiskussion ging es um die Überlagerung des Paarkonflikts mit kulturellen, religiösen Themen und dem gesellschaftlichen Bedeutungskontext. Für die Beratung wurde empfohlen, die religiösen unterschiedlichen Orientierungen auch als Ressource für die Paarsituation zu betrachten, um damit dem Religionsunterschied den Nimbus der Paargefährdung zu nehmen. Als größte Herausforderung für die Paarbeziehung wird die gesellschaftliche Situation von Herrn D. gesehen. Sie wird in der Beratung ein eigenes Gewicht erhalten müssen. Für die Anfangsphase der Beratung wird empfohlen, Herr D. und Frau D. darin zu bestärken, sich intensiv um ihre Beziehung zu kümmern, und dass beide genügend Raum erhalten, sich in ihrer Situation zu äußern. Es soll dabei auch auf die Möglichkeit der Phasen von Paarberatung und

Einzelberatung erwogen werden. Es wird in der Teamdiskussion ebenfalls die Vermutung ausgesprochen, dass sich im Verhalten der Frau auch Ablösethemen von ihrer eigenen Herkunftsfamilie andeuten.

Beratungsverlauf

In der Anfangsphase wurde dem Paar deutliche Anerkennung und Wertschätzung für ihre bisherige Paargeschichte gezeigt und es wurde ihnen auch vermittelt, dass sie als Paar vor ganz besonderen Schwierigkeiten und Herausforderungen stünden. Es wurde dabei eingehend die Paargeschichte in Ägypten erhoben, insbesondere auch das, was sie als Paar an Gemeinsamkeiten entwickelt und genossen hatten. Dabei konnte auch angesprochen werden, dass Frau D. die Beziehung zu Herrn D. als Befreiung ihres engen katholischen Familienhintergrunds erfahren und Herr D. die Beziehung zu seiner Frau anfangs auch als Steigerung seines Ansehens in seinem Familien- und Freundeskreis empfunden hatte. Die Schwangerschaft von Frau D. machte beiden jedoch schnell deutlich, dass Frau D. sich eine familiäre und berufliche Zukunft in Ägypten nicht vorstellen konnte. Zusätzliche berufliche Unsicherheiten von Herrn D. in Ägypten ließen bei beiden den Wunsch entstehen, nach Deutschland umzuziehen und dort eine gemeinsame familiäre und berufliche Perspektive aufzubauen.

Eingehend wurde im weiteren Verlauf auch die Ernüchterung angesprochen, die sich für beide aus ganz unterschiedlichen Gründen im Blick auf die gemeinsame und berufliche Perspektive ergeben hatte. In dieser Beratungsphase wurde die Beratung in Einzelberatungen mit Frau D. und Herrn D. übergeführt. In Rahmen der Einzelberatung bearbeitete Frau D. ihre innere Abhängigkeit zu ihrer Herkunftsfamilie und ihre Abgrenzungsschwäche. Herr D. bearbeitete im Rahmen der Einzelberatung seine Erfahrungen als Ägypter in Deutschland, seine Misserfolge bei der Arbeitssuche, seine Erfahrungen in der Herkunftsfamilie seiner Frau und im sozialen Umfeld des Wohnortes. Nach je sechs Einzelberatungen wurde die Paarberatung wieder aufgenommen. Die Paarberatung in dieser Phase widmete sich dem Aufbau und der Stärkung von Gemeinsamkeiten, insbesondere auch im Hinblick auf die Tochter. Frau D. und Herr D. thematisierten dabei ebenfalls ihre Überlegungen, in eine größere Stadt zu ziehen. Ausführlich wurde auf die religiöse Konfliktsituation eingegangen. Beide wurden darin bestärkt, in ihrer Suche nach Halt und Orientierung ihre religiösen Traditionen bewusst als Ressource einzubeziehen. Sie wurden dabei unterstützt, Kontakte zu christlich-muslimischen Gesprächskreisen aufzunehmen und Kontakte zu christlich-muslimischen Familien zu suchen. In der Paarberatung wurde schließlich auch thematisiert, dass die Paarbeziehung für beide auch die Funktion habe könne, Regenerationsort für Enttäuschungen aus dem gesellschaftlichen Kontext zu sein, dass diese Funktion aber nicht in die Überforderung für einen der Partner umschlagen könne und dass beide eine entsprechende Fürsorge seitens des Partners benötigen. Die Beratung mit Herrn D. und Frau D. umfasste 14 Paarberatungstermine und je sechs Einzelberatungstermine.

Psychologische Paarberatung mit dem Ehepaar MR

Herr MR und Frau MR sind ein attraktives und unterschiedliches Paar zugleich. Er ist ein großgewachsener und stattlicher Mann, 39 Jahre alt und stammt aus einer Kleinstadt in Mexiko. Frau MR ist eine schlanke, sportlich wirkende Frau und 35 Jahre alt. Sie ist in einer bayrischen Kleinstadt aufgewachsen. In ihrem Auftreten wirkt sie eher kühl und kontrolliert. Beide sprechen sehr eloquent Spanisch, wobei Frau MR mit sehr viel Nachdruck und anklagend spricht. Herr MR spricht anfangs eher ruhig und überlässt seiner Frau das Terrain. Beide sind seit sechs Jahren verheiratet und haben einen fünfjährigen Sohn. Herr MR ist vor sechs Jahren nach

Deutschland gekommen und hat als Ingenieur eine gute Stelle bei einer großen Autofirma gefunden. Beide haben sich anlässlich einer Studienreise von Frau MR vor acht Jahren in Mexiko kennengelernt. Frau MR ist Dolmetscherin.

Frau MR beginnt das Gespräch und berichtet, dass sie den Gang zur Beratungsstelle vorgeschlagen habe. Es ginge ihr sehr schlecht. Die gegenwärtige Ehesituation belaste sie sehr. Herr MR nickt und macht deutlich, dass die Teilnahme am Beratungsgespräch für ihn in Ordnung sei. Er hätte bislang aber mit Psychologen noch nichts zu tun gehabt. Auch er empfinde ihre Beziehungssituation als sehr schwierig.

Für ihn sei unerträglich geworden, dass seine Frau immer mehr kontrolliere und ihm jeglichen freien Raum nehme. Frau MR unterbricht hier und sagt, dass für sie das Gegenteil der Fall sei. Sie habe ihren Mann als sehr zuvorkommenden Mann kennengelernt. Dies habe er ganz abgelegt, er führe sein Leben, wie er will. Er halte keine Vereinbarungen und lasse sich nicht festlegen. Sie sei immer wieder in der Situation, Freunden gegenüber geplatzte Vorhaben zu entschuldigen. Wenn sie ihren Mann zur Rede stelle und auf die Einhaltung von ihren Absprachen dränge, werde ihr Mann wütend und würde einfach weggehen.

Herr MR erläutert, dass seine Frau alles dominiere, alle müssten nach ihrer Pfeife tanzen. Er fühle sich von ihr gegängelt wie ein kleines Kind. Er habe seinen Stolz und den würde er verteidigen. Er gehe im Streit deshalb weg, weil seine Frau in ihrer Kontrolle ständig insistiere und sehr bedrängend werde. Beide erzählen, dass sie sich gegenseitig aus dem Weg gingen und nur noch wenig miteinander sprächen.

Zu ihrer Beziehungsgeschichte berichten sie, dass sie sich vor acht Jahren in Mexiko kennengelernt hätten. Frau MR sagt, sie sei von ihrem attraktiven Mann sofort fasziniert gewesen. Seine warmherzige und charmante Art hätten ihr sehr gefallen. Leider zeige er davon immer weniger, er sei in letzter Zeit ein richtiger Macho geworden. Herr MR berichtet, dass auch er seine Frau als sehr at-

traktiv empfunden habe und immer noch empfinde. Sie sei in den letzten Monaten jedoch sehr kühl und abweisend geworden.

Auf Nachfrage berichten beide, dass sie mit ihrer sexuellen Situation nicht zufrieden seien. Herr MR fühlt sich von seiner Frau immer häufiger abgewiesen, sie fände immer neue Ausflüchte, um keinen Sex mit ihm zu haben. Frau MR wirft hier ein, dass sie auf ihren Mann so sauer sei, dass ihr nach Zärtlichkeit nicht der Sinn sei. Auf Nachfrage berichten sie ebenfalls, dass es ihnen in ihrer Elternrolle gut gehe. Sie lieben beide ihren Sohn sehr.

Zu ihrem Beratungswunsch befragt, sagt Frau MR, sie würde gern wieder einen guten Kontakt zu ihrem Mann haben. Sie befasse sich aber nach dem Geschehenen auch mit dem Gedanken einer Trennung.

Herr MR möchte unbedingt die Ehe mit seiner Frau erhalten. Er liebe seine Frau, auch wenn sie für ihn gegenwärtig unerreichbar sei.

Der psychologische Bedeutungskontext

Herr MR und Frau MR haben sich ob ihrer unterschiedlichen Auffassungen über Verlässlichkeit und Spontaneität voneinander entfremdet. Sie kommunizieren weniger, teilen und genießen weniger Gemeinsamkeiten. Auch ihre sexuelle Beziehung hat dabei Schaden erlitten. Auffällig sind die latente aggressive Vorwurfshaltung von Frau MR und die verhalten depressive Reaktionsweise von Herrn MR. Die Paarbeziehung erscheint blockiert und auf Entlastung angewiesen.

Der kulturelle Bedeutungskontext

Herr MR und Frau MR haben deutlich unterschiedliche kulturelle Hintergründe. Diese scheinen zumindest sprachlich nivelliert. Dabei ist besonders Frau MR besonders aktiv. Mit ihren eloquenten Spanischkenntnissen macht sie die sprachliche Kommunikation für ihren Mann leichter. Herr MR spricht ein gebrochenes Deutsch. Er spricht mit seinem Sohn in Spanisch. Im Beruf kommuniziert er vorwiegend in Englisch. Frau MR ist sprachlich in einer kulturellen Vermittlerposition. Die Unterschiede in den kulturellen Verständnissen von Familie, der Rolle der Frau, der Rolle des Mannes erscheinen zwischen beiden noch unangetastet. Herr MR deutet an, dass das durchstrukturierte Leben in Deutschland für ihn eine besondere kulturelle Herausforderung darstellt. Er spürt die sprachliche Herausforderung, im privaten Bekanntenkreis in Deutsch zu kommunizieren. Beide haben bislang ihre Unterschiedlichkeit nach außen hin eher sehr harmonisch gehalten. Die eigene kulturelle Identität scheint noch nicht zum Thema geworden zu sein.

Der gesellschaftliche Bedeutungskontext

Der gesellschaftliche Bedeutungskontext erscheint auf den ersten Blick kaum vorhanden. Herr MR hat einen guten Arbeitsplatz und sieht sich als Kollege geschätzt. Sie wohnen in einer guten Wohnlage. Dennoch ist er sozial eher ein attraktiver Außenseiter, der aber Ressentiments und latente Vorbehalte im gesellschaftlichen Umfeld spürt, was ihn in seinen Kontakten und Aktivitäten im Freizeitbereich sehr wählerisch sein lässt. Er sucht eher den Kontakt zu MigrantInnen, die in einer ähnlichen Situation sind wie er. Frau MR als Mitglied der Mehrheitsgesellschaft und Frau eines »Ausländers« befindet sich in einer delikaten, zuweilen anstrengenden Mittlerrolle, in der sie die Neigung hat, ihren Mann in der gesellschaftlichen Situation zu entlasten.

Teambesprechung

Im Team verdichtet sich der Eindruck, dass die geäußerten Wertkonflikte und die davon ausgehende Dynamik wohl eher Blockaden in der persönlichen Entwicklung von Frau MR und

Herrn MR bzw. Blockaden in der Paarentwicklung zudecken. Es wird für die Beratung empfohlen, die Wertkonflikte anzugehen, dabei das Paar für tiefer liegende Einzelkonflikte und tiefer liegende Paarkonflikte zu sensibilisieren. Es wird eine ausführliche Anamnese der jeweiligen Familiengeschichten angeregt.

Beratungsverlauf

Die psychologische Paarberatung mit dem Ehepaar MR verlief über acht Sitzungen. Sie setzte an der Reduzierung der Wertkonflikte an und verdeutlichte dem Paar die »Teufelskreisdynamik«, die durch das Beharren auf der Orientierung der Verlässlichkeit und der Spontaneität und die dabei einhergehenden negativen Zuschreibungen auf den Anderen hin für die Beziehungssituation entstanden war. Dies geschah in Anlehnung an die Arbeiten von Kumbier und Schulz von Thun (2006) mit dem Wertequadrat über die Relativierung der jeweiligen Positionen und die Reflexion über die jeweiligen positiven Seiten der Wertorientierung beim Anderen. Dabei wurde auch die Bedeutung und Entwicklung dieser Wertorientierungen im Verlauf der Paarbeziehung und im Kontext der je eigenen Lebensgeschichte erhoben. Nach dieser Beratungsphase konnte sich das Paar auf das Thema der verloren gegangenen Gemeinsamkeiten einlassen und die Störungen und Blockierungen benennen, die sich für sie negativ ausgewirkt hatten. Frau MR thematisierte dabei ihre tiefe Unzufriedenheit mit ihrem eigenen Verhalten, das sie in ein rastloses Agieren und Bemühen um ihren Mann und ihr Kind getrieben hatte. Es schälte sich dabei immer stärker heraus, dass Frau MR in der Paarbeziehung eine Verhaltensstrategie aus ihrer Kindheit einsetzte, mit der sie sich in ihrer eigenen Herkunftsfamilie Anerkennung zu verschaffen suchte. Anfangs wirkten dieses Bemühen und diese Aufmerksamkeit für Herrn MR angenehm und entlastend, später wurde es für ihn jedoch bedrängend und unangenehm. Beide reagierten mit innerer Distanzierung. Um diese innere Distanzierung zu überwinden, wurde in der Beratung an der Wiederherstellung von beziehungsfördernden Gemeinsamkeiten gearbeitet, gleichzeitig Herr MR dazu ermuntert, seine Frau stärker im Umgang mit dem Kind, im Haushalt und in der Kontaktpflege zu entlasten und dabei seine Deutschkenntnisse zu verbessern. Über die Bearbeitung der Wertkonflikte, über die Entlastung von Frau MR in ihren gesellschaftlichen Funktionen für die Familie fanden Herr MR und Frau MR wieder zu ihrer Paarbeziehung und zu einer für beide konstruktiven Beziehungspflege. Frau MR begann nach der Paarberatung eine psychologische Einzelberatung.

Psychologische Beratung mit älteren MigrantInnen

Die Besonderheit der Lebenssituation älterer MigrantInnen liegt darin begründet, dass ihre Lebenslagen gleichzeitig von migrationsspezifischen und alterstypischen Belastungsfaktoren bestimmt sind. Zum einen sind sie mit den biografischen Erfahrungen aller Menschen – seien sie deutscher oder nicht-deutscher Herkunft – konfrontiert, mit der Beendigung der Erwerbstätigkeit, dem Übergang in das Rentnerleben, den altersbedingten gesundheitlichen Veränderungen und dem Verlust des Lebenspartners und den damit verbundenen Herausforderungen, die zusammen wiederum in den allgemeinen demografischen Wandel in Deutschland eingebettet sind (Maurer, 2006). Zum anderen unterscheiden sich ältere MigrantInnen von gleichaltrigen Deutschen. So ist allen MigrantInnen die biografische Erfahrung der Migration gemeinsam. Das Älterwerden konfrontiert sie jeweils in ganz eigener Weise mit den ursprünglichen Zielen der Migration und der Frage, ob sie in Deutschland bleiben oder in ihr Herkunftsland zurückkehren sollen.

Dies hat auch Auswirkungen auf die inhaltlichen Konzeptionen von Beratung mit MigrantInnen wie auch auf die Frage, wie diese Beratung organisatorisch und institutionell für MigrantInnen angeboten werden kann. In den Lebenssituationen von älteren MigrantInnen wird eine ganze Bandbreite unterschiedlichster Themen aus den Bereichen der sozialen und ökonomischen Sicherung, der gesundheitlichen Verfassung, der Bedeutung der familiären und intergenerationalen Beziehungen mit den alterstypischen Problemstellungen deutlich, so wie sie auch für die einheimischen SeniorInnen gelten. Diese Lebenssituationen verweisen aber darüber hinaus auch auf die Besonderheiten der Lebenssituationen ausländischer SeniorInnen, wie sie sich für sie durch die Migration selbst und den Aufenthalt in Deutschland ergeben, wie auch auf sehr unterschiedliche kulturelle Anschauungen und Bedeutungen der von ihnen eingebrachten Konfliktsituationen.

Die psychologische Beratung mit SeniorInnen wird dabei in vielfältigen Formen geleistet werden müssen, sei es als Kriseninterventionen in akut zugespitzten Konfliktsituationen wie auch als beziehungsintensiver Begleit- und Klärungsprozess, in dem die Beratung auch besondere Funktionen in der Lebensbilanzierung und in der Orientierung in einem neuen Lebensabschnitt erhält (Kunze, 2014). Nicht selten werden alte – oft auch traumatisierende – Geschehnisse der Lebens- und Migrationsgeschichte wieder wachgerufen und besprechbar.

Da die Beratung von SeniorInnen sehr häufig auch im Zusammenhang mit einer Erkrankung steht, der eigenen Erkrankung oder die der Partnerin bzw. des Partners, bekommt das Eingehen auf die Erkrankung mit ihren Folgen wie auch auf die psychischen Bedeutungen und Auswirkungen derselben einen besonderen Stellenwert. Nicht selten bekommt die Beratung dabei auch die Funktion, Brücken zu medizinischen Behandlungen und Pflegediensten zu bauen, die Kontaktaufnahme der SeniorInnen zu diesen Diensten zu fördern und zu stärken. Damit sind neue Anforderungsprofile für BeraterInnen entstanden. Sie benötigen mehr Kenntnisse über Alterserkrankungen wie zum Beispiel Altersdemenz, Altersdepression, Alterswahn, Wirkung von Traumata im Alter, chronische Erkrankungen im Alter. Sie müssen mit der Beziehungsdynamik zwischen Pflegenden und Pflegebedürftigen vertrauter werden. Sie brauchen darüber hinaus aktuelles Wissen um praktische Hilfen im Alter, über stadtteilbezogene Angebote und Netzwerkarbeit, Kenntnisse über das System der Altenhilfe in Deutschland, Kenntnisse über Pflegebedürftigkeit und über Wohnformen im Alter.

Ausländische SeniorInnen scheuen vielfach den Kontakt zu Beratungs- und Versorgungseinrichtungen. In dieser Scheu und Zurückhaltung kommen bei vielen langjährige schlechte Erfahrungen zum Ausdruck, in Behörden nicht verstanden zu werden. In dieser Scheu verbirgt sich die Angst, auch im Alter, angesichts zunehmender körperlicher, seelischer und sozialer Begrenzungen, wieder nicht in den eigenen kulturellen, religiösen und sozialen Anliegen verstanden und von Neuem diskriminiert zu werden. Es ist deshalb nicht verwunderlich, dass das Wissen um Leistungsansprüche, um Versorgungsangebote und ihre Inhalte bei ausländischen SeniorInnen deutlich geringer ist als bei den einheimischen Gleichaltrigen. Der Bedarf an migranten- und kultursensiblen psychologischen Beratungsmöglichkeiten wird deshalb im Kontext der demografischen Veränderungen und in der Funktion einer verbesserten Teilhabe älterer MigrantInnen an den gesellschaftlichen Dienstleistungen für alte Menschen zunehmen müssen.

Psychologische Beratung mit dem Ehepaar G.

Herr und Frau G. sind vor 45 Jahren als sogenannte Gastarbeiter aus Süditalien nach Deutschland gekommen. Frau G. ist 66 Jahre alt, Herr G. 68. Frau G. ist eine lebhaft wirkende Frau, die sich im Kontakt mit ihrem schweigsamen Mann sehr gereizt und aufgebracht verhält. Herr G. berichtet, dass sie auf Drängen einer Tochter, die in ihrer Nähe wohne, die Beratungsstelle aufsuchen. Es gäbe sehr viel Streit. Frau G. stimmt dem zu und ergänzt, dass sie ihrem Mann seit einiger Zeit nichts mehr recht machen könne. Er sei nur noch abweisend und schweigsam. Seit ein paar Wochen würde er nur noch darüber sprechen, nach Süditalien zurückzukehren. Herr G. wirft hier ein, dass er seit geraumer Zeit den Respekt ihm gegenüber in der Familie vermisse. Darüber hinaus sei wohl Unglück über die Familie gekommen. Die Ehe des Sohnes sei geschieden worden und die Familie sei zerrissen. Die geschiedene Frau seines Sohnes lebe mit den zwei Kindern, seinen Enkeln, in einer weit entfernten Stadt. Sie beide hätten noch eine ältere Tochter, die in Süditalien leben würde. Die jüngere Tochter lebe mit ihrer Familie in der Nachbarschaft. Sie hätte zwei kleine Kinder, die sehr oft bei ihnen zu Hause seien. Frau G. deutet an, dass ihr Mann nicht gesund sei, aber nicht zum Arzt ginge. Er habe vor drei Jahren eine Prostataoperation gehabt. Er sei auch nicht aufmerksam und vergesse viel. Herr G. weist dies zurück, im Gegenteil: Seine Frau habe viel mehr Beschwerden. Frau G. wünscht sich, dass ihr Mann von seinen irrigen Rückkehrwünschen ablasse und das Leben nicht noch anstrengender mache. Herr G. möchte, dass seine Frau ihre Streitsucht beende und dass endlich Friede in die Familie einkehre.

Der psychologische Bedeutungskontext

Hinter den kommunikativen Schwierigkeiten von Herrn und Frau G. verbergen sich unterschiedliche Konfliktbereiche aus der Paarbeziehung selbst, den intergenerationalen Verhältnissen und den gesundheitlichen Belastungen. Beide gehen mit den gegebenen Belastungen sehr unterschiedlich um. Während Frau G. sowohl sehr pragmatisch wie auch in sehr agierender Weise ihre Rolle und ihre Position als Mutter und Großmutter lebt und sich in diese Rolle zuweilen auch flüchtet, hat Herr G. seit seiner Berentung seinen Platz nicht gefunden. Seine Ohnmacht wird verstärkt durch das Zerbrechen der Familie seines Sohnes und seine eigene Erkrankung. Er reagiert mit Einsilbigkeit, Starrheit und Fluchtgedanken, die an einem alten Migrationsthema anknüpfen. Beide kämpfen in je eigener Weise um mehr Aufmerksamkeit.

Der kulturelle Bedeutungskontext

Die Familie hat für Herrn und Frau G. eine zentrale Bedeutung. Sie ist für beide der Hort von heimischen Traditionen, Zentrum des Kontakts und Ort des Zusammenhalts. Gleichzeitig ist die Familie Bollwerk gegen das Umfeld des Aufenthaltslandes. Dennoch ist die Familie für Herrn G. ein Ort der Verunsicherung geworden. Er hat nach seiner Berentung und nach seiner Krankheit noch nicht seinen kulturellen Ort gefunden. Die Scheidung seines Sohnes und das Auseinanderbrechen der Familie haben ihn sehr irritiert. Sein Impuls, nach Italien zurückzukehren, möchte dieser Irritierung kulturell begegnen. Frau G. hingegen scheint ihre Rolle als Grußmutter angesichts der Schwierigkeiten noch zu betonen, so als ob sie darin auch einen kulturellen Halt finden könnte. Die Kontakte zum deutschen Umfeld sind dabei noch stärker zurückgegangen.

Der gesellschaftliche Bedeutungskontext

Besonders für Herrn G. ist nach seiner Erkrankung und mit seinem Ausscheiden aus dem Berufsleben der Sinn und das Ziel der Migration noch einmal zu einem sehr bedrängenden Thema geworden. Für ihn ist die Frage nach seinem Selbstwert, seiner Position in der Familie und im sozialen Umfeld brisant geworden. Seine Erkrankung hat ihn an Grenzen geführt, auch an Grenzen im Kontakt mit den ihn behandelnden Ärzten. Er fühlt sich jetzt noch einsamer. Die Fähigkeit von Herrn G. und Frau G., zwischen Deutschland und Italien zu pendeln, ist zwischen ihnen zum Streitpunkt geworden.

Teambesprechung

Die Teamdiskussion setzt an dem ungleichen Kommunikationsverhalten und der Kommunikationsdynamik an, in der sich Herr G. zunehmend zurückzieht und schweigsam wird. Die Beschämung ob seiner gesundheitlichen Situation verstärkt diese Entwicklung noch. Frau G. nimmt in der Familie und in den Familien ihrer Kinder eine starke Position ein, verleugnet dabei auch die sie überfordernden Erwartungen. Für die Beratung wird empfohlen, eine ausgewogenere Kommunikation zu ermöglichen. Für die Beratung von Herrn G. wird empfohlen, einen eigenen Raum zur Schilderung seiner gesundheitlichen Probleme zu schaffen und ihn bei der Suche nach einer muttersprachlichen gesundheitlichen Betreuung zu unterstützen. Die intergenerationale Situation soll angesprochen werden und eine realistischere Übernahme von Verantwortung von Frau G. angestrebt werden.

Beratungsverlauf

Die Beratung mit dem Ehepaar G. beinhaltete vier Paargespräche und jeweils ein Einzelgespräch nach dem ersten Paargespräch. Sie diente zum einen der Verbesserung der gegenseitigen Kommunikation, indem sie die Streit- und Rückzugsmuster für beide offenlegte und beiden Möglichkeiten zur Verbesserung ihres Umgangs miteinander aufzeigte. Zum anderen nahmen beide die Gelegenheit gern wahr, ihre jeweilige Sicht der Lebens- und Migrationsgeschichte in Form einer wertschätzenden Bilanzierung darzustellen. Auf diese Form war besonders Herr G. sehr angewiesen, um für sich attraktivere Lebens- und Zukunftsperspektiven zu entwickeln.

In den Einzelgesprächen standen die gesundheitlichen Beeinträchtigungen im Mittelpunkt und die Art und Weise, wie beide mit diesen Einschränkungen bei sich und beim Partner umgingen. Beide waren sehr bedrückt ob der eigenen Einschränkungen und auch hilflos und ohnmächtig bezüglich der gesundheitlichen Einschränkungen des Partners bzw. der Partnerin. Offenkundig wurde, dass Herr G. infolge seiner Prostataerkrankung vor und nach der Operation eine angstvolle Scheu entwickelt hatte, sich in seinen Beeinträchtigungen mitzuteilen. Er bagatellisierte und schwieg. Das gemeinsame Gespräch über die gesundheitlichen Themen diente dazu, die gesundheitliche Situation offener zu benennen. Dabei wurde Herr G. auch ermuntert, mit italienisch sprechenden Ärzten seine gesundheitliche Situation zu besprechen und weitere Abklärungen vornehmen zu lassen. Auch Frau G. wurde dazu ermuntert, sich aktiv mit mehr Raum und Zeit um die Verbesserung und Linderung der eigenen gesundheitlichen Beeinträchtigungen zu bemühen.

Für beide war es schließlich wichtig, über ihre jeweilige Position im Kontakt mit den Kindern zu sprechen und darüber, was sie sich im Kontakt zu den Familien ihrer Kinder erwarteten. Es war offenkundig, dass sie sich beide den Kontakt zu den Töchtern und ihrem Sohn in Italien und in Deutschland wünschten. Es wurde aber auch deutlich, dass sie beide ob der möglichen An- und Überforderungen innerhalb der Familie angesichts ihrer gesundheitlichen Situation besorgt waren. Sie wurden darin ermuntert, diese Sorgen offen zu benennen. Herr G. wurde darin ermuntert, seinen Sohn dazu anzuregen, sie beide verstärkt bei ihren Besuchen in Italien zu begleiten.

Psychologische Beratung mit dem Ehepaar H.

Herr und Frau H. suchen die Beratungsstelle auf. Herr H. ist Portugiese, 73 Jahre alt, Frau H. ist Deutsche, 65 Jahre alt. Frau H. hatte die Anmeldung vorgenommen und am Telefon sehr aufgebracht berichtet, dass ihr beim letzten Klinikaufenthalt ihres Mannes vom behandelnden Arzt mitgeteilt worden sei, dass die Krebserkrankung ihres Mannes so weit fortgeschritten sei, dass er in den nächsten Wochen sterben werde. Ihr Mann könne nur noch palliativ behandelt werden. Sie erlebe ihren Mann sehr abweisend und aggressiv ihr gegenüber. Sie sei durch die Klinikseelsorge auf unseren Dienst aufmerksam gemacht worden. Herr H. wirkt von seiner schweren Krankheit gezeichnet, gleichzeitig außerordentlich wach und bestimmend. Er begrüße es, dass er und seine Frau unsere Stelle aufsuchen könnten. Er habe nicht mehr lang zu leben und möchte gern noch einiges klären, was mit seinem Leben vor der gemeinsamen Zeit mit seiner jetzigen Frau zusammenhänge. Er berichtet kurz, dass er in zweiter Ehe lebe, seine erste Frau sei nach der Scheidung vor 17 Jahren nach Portugal mit den zwei Töchtern zurückgekehrt. Sie sei inzwischen verstorben, die Töchter seien in Portugal verheiratet. Er habe in den vergangen 17 Jahren nur ganz spärlichen Kontakt zu ihnen gehabt, er habe sich um sie zu wenig gekümmert.

Frau H. ist ob dieser Eröffnung etwas fassungslos und beklagt, dass ihr Mann mit ihr darüber nicht gesprochen habe. Sie frage sich auch, was dieses Ansinnen ihres Mannes in der jetzigen Situation bewirken solle. Sie wisse nicht, was sie für ihren Mann tun könne. Herr H. deutet an, dass er mit seiner Frau nicht über sein Leben vor der gemeinsamen Ehe sprechen wollte. Seine Frau sei keine Portugiesin, er könne ihr nicht alles erklären. Im Verlauf des ersten Gesprächs an der Beratungsstelle machen Herr und Frau H. deutlich, dass sie sich gern jeder für sich allein beraten lassen möchten.

Der psychologische Bedeutungskontext

Es ist offensichtlich, dass die Prognose des behandelnden Arztes beim letzten Klinikaufenthalt von Herrn H. sehr unterschiedliche Auswirkungen auf Herrn H und Frau H. hatten. Wirkt Frau H. ob der Situation sehr aufgebracht, unruhig und appellativ, zeigt sich Herr H. fast demonstrativ nüchtern und ist dabei seiner Frau gegenüber sehr abgrenzend. Die eingetretene Situation ist für beide dramatisch, darin sehr ängstigend und bedrängend.

Beide suchen Halt, wenn auch in sehr unterschiedlicher Weise. In dem gemeinsamen Gespräch war es sehr wichtig, beide in ihrer Betroffenheit und in ihrem Bemühen zu unterstützen, sich auf die eingetretene Situation einzustellen. Die Möglichkeit einer getrennten Beratung wurde sowohl als Halt als auch als Entlastung und Chance von beiden aufgenommen.

Der kulturelle Bedeutungskontext

Frau H. wird plötzlich mit einer ihr bislang fremd gebliebenen Seite ihres Mannes konfrontiert. Im Wunsch von Herrn H., mit den Töchtern in Portugal Kontakt aufzunehmen, und dem Hinweis von ihm, er könne ihr nicht alles erklären, weil sie keine Portugiesin sei, werden in ganz eigener Weise das Thema Kultur, Mutter- und Vatersprache und kulturelle Bedeutungen zum Thema. Es ist, als ob Herr H. mit einem vergessenen, vernachlässigten Bereich wieder in Kontakt treten möchte. Mit der Frage nach den Töchtern tritt er auch wieder in Kontakt mit einem bedeutsamen Abschnitt seines Lebens und auch mit seinen kulturellen Wurzeln, mit seiner Herkunft. Dabei scheint vieles in diesem Bereich für ihn mit Versagen und Schuld besetzt zu sein. In seiner Abgrenzung zu seiner Frau bei diesen Themen kommt eine große Hilflosigkeit und Beschämung zum Ausdruck.

Für Frau H. ist es schwer, diese Seite ihres Mannes zu erfassen. Sie hat ihn als Partner kennen- und schätzen gelernt, der seit Jahrzehnten in Deutschland war und hier sein Leben lebte. Er hatte wenige Kontakte zu Angehörigen in Portugal gepflegt. Sie selbst hatte nie verstehen können, warum er zu seinen Töchtern so wenig Kontakt gepflegt hatte.

Der gesellschaftliche Bedeutungskontext

Herr H. hatte nicht zuletzt über die Eheschließung mit seiner zweiten Frau für sich beschlossen, nicht in sein Herkunftsland zurückzukehren. Mit dem Scheitern der ersten Ehe hatte sich auch ein ursprünglich gemeinsames Migrationsziel verändert. Auch er war ausgewandert, um im Alter nach Portugal zurückzukehren. Seine Migrationsgeschichte hatte ihm eine eigene Zerrissenheit beschert, zerrissen in den ursprünglichen Zielen und zerrissen und gespalten in der Familie. Er spürte die kolossale Herausforderung, als Migrant fern vom Herkunftsland, getrennt von der ersten Familie zu sterben. Frau H. unterschätzt die Auswirkungen der Migrationsgeschichte auf ihren Mann und die Bedeutung derselben für die letzten Wochen seines Lebens.

Teambesprechung

Das Erschrecken von Frau H. und die Beschämung von Herrn H. beschäftigte das Team intensiv. Es wurde als Hilferuf nach Unterstützung und Stärkung seitens Frau H. und seitens von Herrn H. als Hilferuf um Zuwendung und um geschützte Offenheit für ihn und seine ihn belastenden Themen gedeutet. Gleichzeitung wurde deutlich, dass die Einzelberatungen auch eine wichtige Funktion der Sterbebegleitung übernehmen sollte. Um die kulturellen und sprachlichen Barrieren zu senken, wurde angeregt, eine Beratung in Portugiesisch zu ermöglichen. Die Einzelberatung mit Herrn H. sollte anregen, über die Bilanzierung der Migration eine Lebensbilanzierung anzuregen mit dem Ziel, auch den Töchtern von Herrn H. den Abschied von ihrem Vater zu ermöglichen. Das Team sah für Frau H. einen starken Stützungs- und Orientierungsbedarf für die Begleitung ihres Mannes.

Beratungsverlauf

Die Beratungen von Herrn H. und Frau H. verliefen sehr unterschiedlich, hatten zu Beginn auch sehr unterschiedliche Themen. Die ersten beiden Einzelgespräche mit Herrn H. fanden an der Beratungsstelle statt. Im Mittelpunkt stand sein Wunsch, seine

Töchter sehen zu können, und sein tiefes Unbehagen darüber, aussprechen zu können, dass er wohl ein sehr schlechter Vater gewesen sei. Er habe für sich den Eindruck, seine erste Familie verraten zu haben. Oft habe er seine Krebserkrankung auch damit in Verbindung gebracht. Er habe seine jetzige Frau in diese Thematik nie hineinziehen wollen. Er habe sich dafür auch geschämt.

Nach dem zweiten Gespräch war es Herrn H. nicht mehr möglich, an die Beratungsstelle zu kommen. Auf seinen Wunsch hin wie auch auf den seiner Frau wurde die Einzelberatung mit Herrn H. zu Hause am Krankenbett fortgesetzt.

Die Beratung von Frau H. hatte die Aufgabe, ihr in ihrer Erschütterung ob des nahen Todes ihres Mannes Halt zu geben. Sie hatte darüber hinaus die Funktion, ihr für die anstehende praktische Herausforderung in der Begleitung und Pflege mit ihrem todkranken Mann Orientierung zu geben. Die mit Frau H. arbeitende Beraterin baute für sie die Brücken zu ambulante Pflegediensten und unterstützte sie in ihren Kontakten zum Hausarzt und zu den Ärzten, die ihren Mann zuletzt in der Klinik behandelt hatten. Die Beratung von Frau H diente auch dazu, den Besuch einer Tochter von Herrn H. vorzubereiten. Herr H. konnte eine seiner Töchter drei Wochen vor seinem Tod noch einmal sprechen.

Die Beratung half Herrn H., sich mit seinem Leben versöhnlich auseinanderzusetzen, auch mit den Phasen, in denen er sich gescheitert sah und die in ihm ein tiefes Unbehagen hatten entstehen lassen. Dies betraf insbesondere seine Beziehungen zu seinen Töchtern. Die Befassung mit seiner Migrationsgeschichte und den darin verborgenen Wünschen und Sorgen ließen für ihn die Migration zu einer Chiffre, einer Brücke werden für die letzten Wochen seines Lebens. Für Frau H. war die Beratung entlastend, weil diese ihr einen neuen Zugang zu ihrem Mann und seinem Ringen um Versöhnung ermöglichte. Die Beratung war für sie darüber hinaus entlastend, weil sie schneller die notwendigen

Kontakte zu ambulanten Pflegediensten und zu den Ärzten herstellen konnte. Herr H. verstarb vier Monate nach seinem ersten Besuch an der Beratungsstelle.

Psychologische Beratung mit Flüchtlingen und Asylsuchenden

Die psychosoziale Flüchtlingsarbeit und psychologische Beratung mit Flüchtlingen und Asylsuchenden gehört zu den komplexesten und anspruchsvollsten Tätigkeitsfeldern in der psychosozialen Arbeit. So sind FlüchtlingsberaterInnen in Flüchtlingsunterkünften in der Phase des Ankommens in der Erstversorgung von Flüchtlingen tätig, in der es um die Sicherung der Unterkunft, um die gesundheitliche Erstversorgung, um die Einschulung der Kinder und um Deutsch- und Integrationskurse geht.

Die Begegnung mit Flüchtlingen in Erschöpfungsphasen, überwältigt von vielen neuen Eindrücken, stellt an die BeraterInnen eigene Herausforderungen an Offenheit, Toleranz und Kraft. Gleichzeitig haben sie eine kostbare Funktion im Orientieren, im Informieren und in der Verlässlichkeit und als BrückenbauerInnen zu Behörden, zu professionellen und ehrenamtlichen Diensten. Sie haben für die Flüchtlinge eine vielfältige Funktion als AnsprechpartnerIn, als UnterstützerIn, als BeraterIn, als VermittlerIn, als OrganisatorIn bzw. ManagerIn, als VerwalterIn, als KooperationspartnerIn, als KonfliktmanagerIn und als fachliche Expertin bzw. fachlicher Experte. Und dies alles mit der fachspezifischen Erschwernis, dass sowohl die gesetzlichen Grundlagen wie auch die Bedingungen in den Herkunftsländern ständig einem Wandel unterliegen und darauf entsprechend reagiert werden muss.

Es ist offensichtlich, dass dieser Tätigkeitsbereich ein breit gefächertes Qualifikationsprofil erfasst. Vor allem wird den MitarbeiterInnen in diesen Diensten tagtäglich ein hohes Maß an Beziehungsfähigkeit abverlangt.

In gleichem Maße anspruchsvoll ist die Tätigkeit der psychologischen BeraterInnen, die mit Flüchtlingen und Asylsuchenden arbeiten. Obgleich Flüchtlinge und Asylsuchende in der Anfangsphase ihres Aufenthaltes sich kaum an psychologische Beratungsstellen wenden, wächst mit den wachsenden Flüchtlingszahlen auch diese Gruppe an den Beratungsstellen. Sie wird zumeist durch die SozialberaterInnen in den Flüchtlingsunterkünften oder durch ehrenamtliche BetreuerInnen auf die Dienste der psychologischen Beratungsstellen aufmerksam gemacht. Oftmals begleiten diese die Flüchtlinge oder Asylsuchenden für den Erstkontakt an die Beratungsstelle. Diese Ratsuchenden bringen zumeist eine sehr komplexe Konfliktsituation mit, in der sich verschiedene Konflikterfahrungen überlagern. Bei den meisten handelt es sich um eine dramatische, zuweilen auch traumatische Fluchterfahrung nach Krieg und Vertreibung mit direkter Gewalterfahrung in Form einer gewaltsamen Trennung oder des Todes von Familienangehörigen. Hinzu kommen die sie überströmenden Eindrücke ihrer neuen Umgebung in Deutschland, insbesondere in den Flüchtlingsunterkünften. Zusätzlich belastet sie die Ungewissheit bezüglich ihrer Bleibemöglichkeiten in Deutschland mit der mangelnden Transparenz in den Anerkennungsverfahren (Robert Bosch Stiftung, 2017).

In ihrer Situation haben die ratsuchenden Flüchtlinge und Asylsuchende ein sehr starkes Bedürfnis nach Halt, Orientierung und Wertschätzung. Die psychologischen BeraterInnen stehen dabei von Anfang an vor der Herausforderung, Halt, Schutz und Orientierung im Hier und Jetzt zu geben, ihre Beratungsarbeit auf die Unvorhersehbarkeit des Anerkennungsverfahrens einzustellen und längerfristige therapeutische Angebote eher zu reduzieren, um abrupte Trennungs- und Abbruchsituationen zu vermeiden. Besonders für traumatisierte

Ratsuchende hat die psychologische Beratung eine beruhigende und stabilisierende Funktion mit Hilfestellungen in der Alltagsstrukturierung, beim Aufbau von Sozialkontakten und in der allgemeinen Orientierung. Wesentlich dafür ist, dass der Flüchtling oder der Asylsuchende als Person im Rahmen der Beratungssituation Wertschätzung durch die/den BeraterIn erfährt und dadurch auch ein Stück Würde zurückgewinnt. Die Erfahrung der Wertschätzung durch die/den BeraterIn und deren/dessen Vertrauen in die Potenzen der/des Ratsuchenden sind ganz wesentliche Voraussetzungen dafür, dass Flüchtlinge und Ratsuchende sich in die Gesellschaft des Aufnahmelandes integrieren können.

Flüchtlinge und Asylsuchende leiden nicht selten unter den Traumata, die sie in ihren Herkunftsländern, auf der Flucht und im Ankommen hier erlitten haben. Für den therapeutisch-beraterischen Umgang damit hat sich in den vergangenen Jahrzehnten ein Traumaparadigma herausgebildet, das sehr symptomorientiert posttraumatische Belastungsstörungen zu erfassen sucht und diese dann behandelt. Es ist dabei zu einem deutlichen Zuwachs an Symptomsensibilität und an Vielfalt von therapeutischen und beraterischen Interventionen in der Traumabehandlung gekommen. Zu den Schattenseiten dieser Entwicklung gehört, dass dieser Traumadiskurs zu einer Individualisierung und Symptomzentrierung geführt hat, die die Einbeziehung familiärer, kultureller und gesellschaftlicher Hintergründe vernachlässigt hat. So beinhaltet die Traumaerfahrung einen sequenziellen Prozess (Bittenbinder & Patel, 2017), in dem individuelles Leiden und gesellschaftliche Vorgänge aufeinander bezogen sind. Der bisherige Traumadiskurs berücksichtigt zu wenig die eurozentrische Sicht von Leiden, Krankheit und Krise und vernachlässigt wichtige Menschenrechtsaspekte im Entstehen von Traumaleid. Traumabehandlungen pathologisieren so die Ratsuchende bzw. den Ratsuchenden vorschnell und verdeutlichen nicht, dass das Leiden keine

Pathologie, keine Krankheit ist, sondern die Folge sozialen, wirtschaftlichen und politischen Unrechts und damit einhergehender Menschenrechtsverletzungen.

Die migranten- und kultursensible Orientierung in der psychologischen Beratungsarbeit mit traumatisierten Flüchtlingen bietet einen Ansatz, der die Ratsuchende bzw. den Ratsuchenden nicht vorschnell pathologisiert, sie/ihn in seinen kulturellen Anschauungen von Leid und Krise ernst nimmt und schließlich auch die gesellschaftlichen Bedingungen im Entstehen von Leid und Traum erfasst und bewertet. Nicht selten werden die BeraterInnen an Beratungsstellen von den AnwältInnen der Ratsuchenden kontaktiert, um schriftliche Bestätigungen der Beratungssituation auszustellen. Bei drohenden Abschiebesituationen werden dabei Bescheinigungen erbeten, aus denen neben der psychotherapeutischen Einschätzung auch die suizidale Gefährdung der Ratsuchenden bei Abschiebungen hervorgeht.

Für die psychologische Beratungsarbeit mit Flüchtlingen und Asylsuchenden ist entscheidend, dass die Beratung in der Muttersprache der Ratsuchenden oder zumindest in einer gut gesprochenen Fremdsprache oder im Beisein einer/eines Dolmetschenden geleistet wird. Diese Beratung benötigt ein besonderes Wissen um die Tragweite des gesellschaftlichen Kontextes für die Situation der Ratsuchenden und des daraus resultierenden Verhaltens der Ratsuchenden auch gegenüber der/dem BeraterIn als Mitglied der Mehrheitsbevölkerung. Ratsuchende brauchen im Rahmen der psychologischen Beratung auch die Möglichkeit, über die sie befremdenden Erfahrungen in der neuen Gesellschaft mit Ablehnung, Ressentiments, Rassismus sprechen zu können. Es ist offenkundig, dass angesichts der komplexen Problemlagen der Beratungsarbeit mit Flüchtlingen und Asylsuchenden diese Arbeit seitens der Beraterin bzw. des Beraters innerhalb eines multidisziplinären und multiethnischen Teams von BeraterInnen geschieht.

Psychologische Beratung mit Herrn C.

Herr C. ist ein 36-jähiger Kurde, der auf Vermittlung von Herrn P., dem Leiter des Sozialen Möbeldienstes, bei dem Herr C. arbeitet, an die Beratungsstelle kommt. Herr P. hatte schon im Vorfeld angerufen und berichtet, dass ein kurdischer Mitarbeiter durch aggressive Ausbrüche auffalle, bislang aber durch seine Freundlichkeit und Umgänglichkeit sehr geschätzt gewesen war.

Herr C. kommt mit seinem Cousin, dessen Frau und einem indischen Arbeitskollegen. In lebhafter Diskussion in einem Gemisch aus Kurdisch, Deutsch und Englisch treten sie in die Räumlichkeiten der Beratungsstelle ein. Herr C. stellt freundlich und souverän seine Begleiter vor und bedeutet ihnen, im Wartezimmer Platz zu nehmen, da er einen Termin bei einem Psychologen habe.

Allein mit dem Berater kommt er unvermittelt auf seine Situation zu sprechen. Das Leben in Deutschland sei für ihn eine Katastrophe. Er könne nicht schlafen, er könne nicht schreien, er habe seinen Frieden verloren. Er würde wie ein Hund nachts durch die Straßen laufen, um niemanden sehen zu müssen und um nicht gesehen zu werden. Er wohne bei seiner deutschen Freundin, die ein Kind von ihm erwarte. Diese Freundin sei nett, könne ihn aber nicht verstehen.

Er berichtet, dass er vor drei Jahren nach Deutschland gekommen sei. Über die Türkei sei er aus dem Irak geflüchtet. Er sei kurdischer Kämpfer gewesen, Hussein hätte drei seiner Brüder getötet, er selbst hätte gehängt werden sollen, habe aber fliehen können. Und fast abrupt sagt er plötzlich: »Wie kann ich hier leben? Sie als Deutscher sollten es doch wissen.« Dann nach kurzer Pause: »Sagen Sie all das dem Ausländeramt?«

Der psychologische Bedeutungskontext

Herr C. zeigt beim ersten Kontakt ein ambivalentes Verhalten von freundlich souveränem Auftreten und abrupt forderndem, suggestiv anmutendem Gebaren. Gleichzeit beeindruckt er durch seine sensible und fragile Art. Was liegt in seiner Halt- und Ruhelosigkeit, seiner Reizbarkeit? Nachwirkungen seiner traumatischen Erfahrungen, Auswirkungen seines Alltags mit Ausgrenzungs- und Diskriminierungserfahrungen, Überforderung im Umgang und in der Verständigung am Arbeitsplatz? Was braucht Herr C., um sich in seiner Situation besser zu fühlen?

Der kulturelle Bedeutungskontext

Herr C. präsentiert sich mit Verwandten und mit einem Arbeitskollegen. Es ist ihm wichtig, einer mit Anderen zu sein. Er betont die Zugehörigkeit zu Verwandten und Freunden und weist damit darauf hin, dass Alleinsein gleichbedeutend ist mit Nicht-Sein (bzw. wie ein Hund auf der Straße zu leben). Sein Selbstwertkonzept erscheint eng verknüpft mit der Vorstellung, mit Anderen und für Andere da zu sein, mit Anderen und für Andere zu handeln. Dies schafft für ihn die Voraussetzung, Vertrauen in Fremde, besonders auch zu Mitgliedern einer anderen kulturellen Orientierung, zu finden. Diese kollektive Orientierung ist für ihn ein Halt.

Der gesellschaftliche Bedeutungskontext

Herr C. ist Asylmigrant. Nach seinem Asylverfahren hat er die Anerkennung für seinen Aufenthalt in Deutschland erhalten. Aber er hat seinen Platz in der deutschen Gesellschaft noch nicht gefunden. Er ist immer noch in einer anstrengenden Orientierungsphase bezüglich seines gesellschaftlichen Umfelds. Seine sprachlichen Möglichkeiten in Deutsch sind noch sehr begrenzt. Gleichzeitig stößt er immer wieder auf ablehnendes, ausgrenzendes Verhalten im Alltag und am Arbeitsplatz. Selbst seine Freundin erlebt er als einen Menschen, der ihn nicht versteht. Dabei hat Herr C. auch traumatische Erfahrungen als Minderheitenangehöriger und als Migrant in seinem eigenen Herkunftsland gemacht. Er gehört einer Familie und einem Volk an, das jahrhundertelang brutal unterdrückt und verfolgt wurde und dabei viele Menschen verloren hat. Für die Mehrheitsgesellschaft hat sich bei ihm das Bild der mächtigen bedrohlichen Anderen herausgeschält. Sein demonstrativer Wunsch, mit einem deutschen Berater zu sprechen, ist sein Versuch, mit einem Angehörigen der Mehrheitsgesellschaft und ihren mächtigen Behörden Kontakt aufzunehmen.

Teambesprechung

Das Team ermuntert den Berater, die von Herrn C. geäußerten Fragen am Ende des ersten Kontaktes sofort aufzunehmen. Herr C. wird in einer Erkundungs- und Orientierungssituation an der Beratungsstelle gesehen, die ihn unsicher macht und Befürchtungen bezüglich seines gesellschaftlichen Status entstehen lässt. Herr C. braucht offensichtlich eine Vergewisserung darüber, was er an einer Beratungsstelle zu erwarten hat und wie seine Stellung dort ist. Im Anschluss daran können die Arbeitsplatzkonflikte, die posttraumatischen Belastungsstörung und die Beziehungssituation mit seiner Freundin angesprochen werden.

Beratungsverlauf

Die psychologische Beratung verläuft über fünf Termine und wird durch den Umzug zu Verwandten in ein anderes Bundesland von Herrn C. beendet. Der Berater bestärkt beim ersten Anschlusstermin Herrn C. in seinem Kommen und darin, dass er mit seinen Fragen an der Beratungsstelle willkommen sei. Er informiert dabei Herrn C. über die Einrichtung, ihre Arbeitsweise und ihre Bedeutung in der psychosozialen Infrastruktur der Region. Er erwähnt dabei ausdrücklich das Verschwiegenheitsgebot und erkundigt sich dabei nach den Befürchtungen von Herrn C.

Herr C. berichtet dabei dem Berater, dass seine Frage über die Weitergabe der Gesprächsinhalte an der Beratungsstelle an die Ausländerbehörde im Landratsamt selbst entstanden sei. Er habe im alphabetischen Verzeichnis des Behördenwegweisers des Landratsamts sowohl die Beratungsstelle wie auch die Ausländerbehörde als Teile der gleichen Einrichtung verzeichnet gesehen. Er sei davon ausgegangen, dass alle Einrichtungen im Landratsamt selbstverständlich zusammenarbeiten würden. Nach Klärung dieser Fragesituation ging Herr C. von sich aus auf seine Schwierigkeiten am Arbeitsplatz ein. Dabei wurde deutlich, dass seine Aggressionen dort mit seiner Überforderung zu tun hatten, sich kommunikativ-offen mit Missverständnissen und Anfeindungen seitens seiner Arbeitskollegen auseinanderzusetzen. Es zeigte sich auch, dass dabei empfundene Ohnmachtsgefühle ihn sehr schnell aggressiv werden ließen. Herr C. schilderte in den verbleibenden Gesprächen verschiedene Situationen im Arbeitsbereich wie auch in alltäglichen Beziehungen, in denen diese Ohnmachtsgefühle sich bei ihm einstellten. Linderung würden ihm die Gespräche mit Verwandten und Freunden bringen, aber allzu oft müsse er allein damit fertig werden und das treibe ihn nachts auf die Straße. Der Berater informierte Herrn C. über die Behandlungsfähigkeit seines Verhaltens und wies ihn auf Kliniken und psychotherapeutische Praxen hin, die Therapien bei posttraumatischen Belastungsstörungen anbieten.

Psychologische Beratung mit Frau Y.

Frau Y. ist eine 36-jährige Frau aus dem Senegal. Sie ist mit zwei ihrer vier Kinder, einem vier Jahre alten Mädchen und einem sechs Jahre alten Jungen, seit drei Monaten in Deutschland. Ihr Wohnort wurde im Rahmen der kriegerischen Auseinandersetzungen im Gebiet von Casamance zerstört, ihr Mann kam ums Leben. Verloren hat sie hierdurch auch ihre Arbeit in der örtlichen Markthalle, wo sie Obst und Gemüse verkaufte. Ihre Großeltern väterlicherseits flohen mit den zwei älteren Kindern nach Gambia. Frau Y. ist groß und kräftig, wirkt aber in ihrem Verhalten verstört und verlangsamt. Ihre Muttersprache ist Wolof, sie spricht aber sehr gut Französisch. Die Beratung findet auf Französisch mit einer Frau statt. Ihr fällt es anfangs aber schwer, zu sprechen und über sich zu berichten. Sie ist sich offensichtlich nicht sicher, was die Sozialarbeiterin in ihrer Flüchtlingsunterkunft, die ihre Anmeldung vorgenommen hat, über sie erzählt hat. Auf Nachfrage berichtet sie, dass sie sehr müde sei und dass sie in der Unterkunft schlecht schlafe, der Kopf sei so voll und es sei sehr unruhig. Die Kinder strengten sie an, aber sie bräuchten sie. Sie wisse nicht, wie es weitergehen solle, vieles verstehe sie nicht. Und in Gedanken sei sie ständig bei ihren älteren Kindern und den Großeltern. Auf die Frage, was sie bewogen hätte zu flüchten, hält sie inne und fängt an zu weinen; auf die Frage, was sie sich wünsche, sagt sie, sie möchte ihre Kinder wiedersehen und sicher sein. Von der Beratung erhoffe sie sich Orientierung.

Der psychologische Beratungskontext

Die psychologische Verständnisfolie setzt am verstörten, depressiv anmutenden Verhalten von Frau Y. und ihrem Wunsch nach Orientierung an. Ist dieses Verhalten primär Ausdruck der Überforderungssituation in der Flüchtlingsunterkunft und den vielfältigen Schwierigkeiten in der Verständigung, drückt sich in diesem Verhalten eine Abwehrreaktion gegenüber den traumatischen Erfahrungen in Senegal aus oder ist dieses Verhalten eine Reaktion auf kulturelle Entbehrung, in der sie sich primär in der Gruppe als Frau behaupten konnte und nicht als Einzelne, losgelöst von Kontakten. Es ist offensichtlich, dass sie auf Halt angewiesen ist, auf das Gefühl und das Wissen, dass sie sicher und willkommen ist. Ihre Kinder bedeuten für sie sehr viel. Sie geben ihr auch Halt, weil sie weiß, dass sie von ihnen geliebt und gebraucht wird.

Der kulturelle Beratungskontext

Frau Y. erlebt sich sehr stark in ihrem Familiengefüge, das zerrissen wurde. Sie hat ihren Mann verloren, zwei Kinder sind mit den Großeltern in ein Nachbarland geflüchtet. Sie haben alle ihre Existenz verloren. Sie spürt im Rahmen ihres Familienverständnisses eine große Last, ihrer Familie zu helfen, und findet sich selbst in einer großen Ohnmacht wieder. Sie erlebt ihr deutsches Umfeld in seiner Strukturiertheit als sehr fremd. Die sprachliche Situation ist für sie gegenwärtig eine Überforderung und macht sie abhängig von Dritten. Sie ist froh, dass sie sich an der Beratungsstelle zumindest in Französisch verständigen kann.

Der gesellschaftliche Beratungskontext

Frau Y. befindet sich im Asylverfahren. Ihre Bleibechancen sind ungewiss. Sie hat einige Gespräche geführt, versteht aber das Prozedere des Verfahrens nur ungenügend. Die Ungewissheit steigert ihre innere Unruhe und ihre Ohnmacht. In der Flüchtlingsunterkunft ist für sie vieles noch ganz neu. Sie fängt langsam an, mit anderen Flüchtlingen aus Afrika in der Unterkunft Kontakt aufzunehmen. Die Situation im örtlichen Umfeld irritiert sie. Sie erlebt dankbar die Freundlichkeit der deutschen BetreuerInnen und die Hilfsbereitschaft von Deutschen beim Einkaufen, sie verstört aber auch die abweisenden und abfälligen Reaktionen von manchen Menschen in der Stadt.

Teambesprechung

Das Team setzt an der Orientierungsfrage von Frau Y. an und empfiehlt eine stützende Beratung für Frau Y., die sie im Hier und Jetzt der Situation stärkt und hält. Sie empfiehlt der Beraterin, Frau Y. ausführlich über den psychologischen Beratungsdienst aufzuklären und auf die Unabhängigkeit des Dienstes vom Anerkennungsprozedere hinzuweisen. Über eine gezielte Anamnese ihres Lebens im Senegal und ihrer Flucht wird die Erhebung ihrer Überlebenskräfte und ihrer Resilienzfähigkeiten angeregt. Von der Bearbeitung der traumatischen Erlebnisse wird zum gegenwärtigen Zeitpunkt abgeraten.

Beratungsverlauf

Die psychologische Beratung mit Frau Y. hatte anfangs eine sie stützende Funktion. Sie diente ihr der Vergewisserung dessen, was für sie im Anerkennungsverfahren ablief. Die Beratung hatte hier auch die Funktion, sie bei der Strukturierung ihres Alltags zu unterstützen, und diente ein Stück weit auch als Klagemauer für all das, was für sie im Alltag schwierig erschien. Über die Erhebung ihrer Lebens- und Fluchtgeschichte kamen zunehmend wieder auch ihre Fähigkeiten und Resilienzkräfte in den Blick. Frau Y. war eine sehr erfolgreiche Geschäftsfrau mit großem Verhandlungs- und Organisationsgeschick gewesen, sie hat außerordentlich viel Mut und Durchsetzungsvermögen während der Flucht bewiesen. Frau Y. wurde sehr darin unterstützt, diese Fähigkeiten in der Flüchtlingsunterkunft, im Hinblick auf ihre Reaktionen auf Diskriminierungen und bei der Artikulierung ihrer Interessen einzusetzen. Diese Unterstützung in der Eigenwirksamkeit und Selbstbehauptung erbrachte Frau Y. Entlastung und half ihr, wieder Zuversicht zu gewinnen. Im Rahmen ihrer zunehmenden Eigenwirksamkeit begann sie einen Deutschunterricht. Ausführlichen Raum nahmen in der Beratung ihre Familiensituation und die für sie daraus entstandenen Erwartungen an Unterstützung ein. Die Beratung hatte hier die Funktion, die kulturellen Werte bezüglich der Familie anzuerkennen, gleichzeitig für eine realistische Einschätzung ihrer tatsächlichen Möglichkeiten zu sorgen und Frau Y. darin zu entlasten. Die psychologische Beratung, die über insgesamt 16 Stunden verlief, hatte eine primär Halt gebende, stützende Funktion, verhalf ihr dabei zugleich zu einer besseren Orientierung und zu einer selbstbestimmteren Bewältigung des Alltags.

Migranten- und kultursensible Supervision

Die Supervision ist eine der Kooperationsformen des Teams innerhalb einer Beratungsstelle, sie stellt ein Merkmal der Beratungsstelle als therapeutisches System dar. In der Supervision wird ein Stück weit der integrative Anspruch verwirklicht, unterschiedliche therapeutische Ansätze über die Zusammenschau und Zusammenarbeit am Fall im Team für die Praxis zu verbinden und zu nutzen. Die Supervision innerhalb der Kooperationsformen eines Teams ist dabei besonders geeignet, die konkrete Beratungssituation auf die zu aktualisierenden Wirkfaktoren helfenden psychotherapeutischen Handelns zu überprüfen und die/den BeraterIn in ihrem/seinem Verstehens- und Handlungsprozess zu unterstützen. In der Supervision kann durch die Anstrengungen mehrerer KollegInnen aus unterschiedlichen Disziplinen auf eine gegebene Fallsituation hin ein besonderer Tiefgang des Verstehens entwickelt werden; es können kreative Prozesse in der Gruppe synergetisch freigesetzt werden, die zusammen die Einsichten und die Interventionsmöglichkeiten der Fallvorstellerin bzw. des Fallvorstellers fördern (Kunze, 2002). Dies gilt vor allem für besonders schwierige und vielschichtige Beratungsfälle.

Die migranten- und kultursensible Supervision stellt eine fachliche Erweiterung der traditionellen Supervision dar, in der idealerweise über die ethnisch und kulturell heterogene Teamzusammensetzung zusätzliche Sensibilitäten und Fähigkeiten genutzt werden können, um die Bedeutung des kulturellen und gesellschaftlichen Kontextes auf die Fallvorstellung und Fallarbeit zu erfassen (Englisch, 2006). Die Supervision in dieser Orientierung dient letztlich der migranten- und kultursensiblen

Kompetenzerweiterung der einzelnen Beraterin bzw. des einzelnen Beraters für die Fallarbeit.

Die Supervision dient dabei zum einen der Entschlüsselung von kulturellen Bedeutungen im Konfliktgeschehen des vorgestellten Falles mit seinen biografischen Ereignissen in Anlehnung an die Einsichten der ethnoanalytischen Arbeiten Devereux' (1978), Erdheims (1992) und Nathans (1999). Sie geht im Verständnis von migranten- und kultursensibler Supervision zum anderen insofern über die ethnoanalytischen Einsichten hinaus, als sie den gesellschaftlichen Kontext für MigrantInnen als eigenen Kontext benennt, ihn in seinen Auswirkungen auf Konfliktgeschehen und Konfliktverhalten bedenkt und Einsichten aus der Empowerment-Tradition einbezieht. Werden im Rahmen einer kultursensiblen Betrachtung in der Supervision bedeutsame Lebensereignisse, Schwellensituationen, Trennungen und Bindungen in ihren kulturellen Bedeutungen berücksichtigt, beinhaltet die migrantensensible Orientierung die Erfassung von Auswirkungen des gesellschaftlichen Kontexts mit seiner Teilhabe- und Ausgrenzungsrealität für MigrantInnen und mit den unterschiedlichen Zugehörigkeiten von gesellschaftlichen Gruppen der Mehrheit, in Minderheiten und soziokulturellen Milieus auf die Lebensereignisse der/des Ratsuchenden und ihre/seine Handlungsmöglichkeiten. Die Entflechtung des kulturellen und des gesellschaftlichen Kontextes hat sich in der Fallarbeit und im Fallverständnis von Beratungssituationen, an denen MigrantInnen beteiligt sind, als notwendig erwiesen. Die gegenwärtigen gesellschaftlichen Diskurse um Asylsuchende und Flüchtlinge machen dies besonders deutlich. Die Situation der Asylsuchenden und Flüchtlinge ist über den kultursensiblen Zugang allein nur sehr unzureichend zu verstehen und dadurch für die Supervision nur begrenzt hilfreich.

In der kultur- und migrantensensiblen Orientierung von Supervision eröffnet sich für die BeraterInnen ein gemeinsamer Raum der Verständigung, in dem durch das Zusammentragen des Wissens um kulturelle und gesellschaftliche Bedeutungen der kulturgebundene Sinn und der gesellschaftsbezogene Sinn des Konflikts und des Leidens der Ratsuchenden entschlüsselt werden kann. In der Supervision entsteht ein neuer kulturell und gesellschaftlich gemischter Raum, in dem es um Verständigung und Vermittlung geht.

Die Supervision verläuft in vier Schritten. In einem ersten Schritt stellt eine Beraterin oder ein Berater einen Beratungsfall vor, in dem die Konfliktsituation mit Anlass und Auslöser, biografische Daten, die aktuelle Lebenssituation mit den kulturellen und gesellschaftlichen Hintergründen benannt werden. Die/Der den Fall vorstellende BeraterIn schließt ihre/seine Fallvorstellung mit einer Frage an die Teammitglieder. In einem zweiten Schritt lädt die/der SupervisorIn die Teammitglieder ein, Einschätzungen zum Fall einzubringen und dabei auch Eindrücke, Erfahrungen und Gedanken zu formulieren, die aus der eigenen Kulturerfahrung bzw. aus der eigenen Gesellschaftserfahrung bezüglich der geschilderten Situation bestehen. Dies setzt einen Austausch- und Verständigungsprozess in Gang, in dem die Betrachtung der Konfliktsituation aus den verschiedenen Blickwinkeln und unterschiedlichsten Befangenheiten ein umfassenderes Bild der Problemsituation ergibt. Dies wird in einem weiteren Schritt von der/dem SupervisorIn zusammengefasst und im Blick auf die Fragestellung der Beraterin/des Beraters für den Beratungsfortgang konkretisiert. In einem letzten Schritt nimmt die/der BeraterIn, die/der die Fallsituation eingebracht hat, zum Verlauf der Supervision und der Zusammenfassung der Supervisorin/des Supervisors Stellung. Sie/Er beschreibt ihr/sein weiteres Vorgehen in der Beratung mit der/dem Ratsuchenden. Um die hinreichende Einbeziehung des kulturellen und gesellschaftlichen Kontextes im Supervisionsverlauf besser zu gewährleisten, haben einige Teams Anwaltschaften für den kulturellen Kontext wie auch für den gesellschaftlichen Kontext über bestimmte Teammitglieder benannt, die dafür sorgen, dass ihr Kontext –

Kultur bzw. Gesellschaft – während der Falldiskussion und Supervision immer mit benannt wird.

Die migranten- und kultursensible Supervisionsarbeit verlangt ein hohes Maß an Einzel- und Gruppendisziplin in der Vorbereitung der Fallvorstellung und bei der sehr komplexen Betrachtung unter den verschiedensten Blickwinkeln. Die migranten- und kultursensible Supervision profitiert dabei von einer multiethnischen Teamzusammensetzung. Die/Der SupervisorIn sollte mit der migranten- und kultursensiblen psychologischen Beratung durch eigene Erfahrungen in diesem Bereich vertraut sein.

8. Migranten- und kultursensible Orientierung auf Träger- und Einrichtungsebene

Die migranten- und kultursensible Orientierung auf Träger- und Einrichtungsebene ist Bestandteil kultureller Öffnungsprozesse für Träger und Einrichtungen. Diese kulturelle Öffnung dient Integrationsprozessen, die eine gesellschaftliche Partizipation am sozialen, politischen, kulturellen und religiösen Leben von Menschen unterschiedlichster ethnischer, kultureller und religiöser Zugehörigkeiten ermöglichen. Sie dient der Zugangsgerechtigkeit zu Diensten und Einrichtungen für Menschen mit Migrationshintergrund, sie dient der Chancengleichheit für Menschen mit Migrationshintergrund in den unterschiedlichsten Diensten und Einrichtungen, sie dient nicht zuletzt der Bedarfsgerechtigkeit in der Ausgestaltung dieser Dienste und Einrichtungen auf die Bedürfnisse von Menschen mit Migrationshintergrund.

Um kulturelle Öffnungsprozesse nachhaltig zu fördern, sind die Anliegen der kulturellen Öffnung in den Leitbildern von Trägern und Einrichtungen zu verankern, die Umsetzung dieses Öffnungsprozesses vorzugeben und für die MitarbeiterInnen auf allen Ebenen verbindlich zu machen. Das Leitbild einer psychologischen Beratungsstelle mit migranten- und kultursensibler Orientierung strebt die Beseitigung aller Barrieren an, die die chancengleiche Inanspruchnahme der psychosozialen Angebote für Menschen mit anderer ethnischer, kultureller oder religiösen Herkunft erschweren oder verhindern.

Die migranten- und kultursensible Orientierung ist damit auch zu einer wichtigen Vorgabe für die Personalentwicklung und für das Personalmanagement geworden. Träger von psychologischen Beratungsstellen sind aufgefordert, MitarbeiterInnen unterschiedlicher kultureller, religiöser und ethnischer Herkunft einzustellen und ihnen eine chancengleiche berufliche Weiterentwicklung zu ermöglichen. Merkmale der Mehrsprachigkeit, von Migrationserfahrung und von interkultureller Erfahrung werden für psychologische Beratungsstellen als erwünscht definiert. Über ein Diversitätsmanagement werden multiethnische, multikulturelle und multireligiöse Teams angestrebt. Mehrsprachigkeit und die Arbeit mit DolmetscherInnen werden zu Standards einer migranten- und kultursensiblen Orientierung einer psychologischen Beratungsstelle.

In der Außendarstellung von psychologischen Beratungsstellen werden die Dienstleistungen in verschiedenen Medien mehrsprachig vorgestellt und die Einrichtung selbst als Schutzraum, als Gastraum und als ein Ort gediegener Fachlichkeit für Menschen mit Migrationshintergrund und für Inländer charakterisiert. Bestandteil der kulturellen Öffnung und der Sensibilisierungsprozesse ist auch die Unterstützung von ethnischen und soziokulturellen Netzwerken im Träger- und Einrichtungsumfeld und die Abstimmung mit anderen psychosozialen AkteurInnen im Sozialraum auf Einrichtungsebene.

Kulturelle Öffnungsprozesse und die migranten- und kultursensible Orientierung beinhalten lange Prozesse. Um im Hinblick auf diese Anliegen Nachhaltigkeit zu gewährleisten, sind im Rahmen von Qualitätskontrollen die Anliegen der kulturellen Öffnung und der Qualität der migranten- und kultursensiblen Orientierung über Jahre hinweg zu überprüfen und zu korrigieren.

9. Ausblick – Wo stehen wir, was ist zu tun?

Wir wissen seit Jahren, was migranten- und kultursensible psychologische Beratungsarbeit bedeutet und wir wissen, dass sie die effektivste Weise psychologischer Beratung mit MigrantInnen ist. Fachverbände psychologischer Dienste und Berufe wie auch Trägerverbände von psychologischen Beratungseinrichtungen haben inzwischen diese Orientierung mit migranten- und kultursensiblen Kompetenzen in ihre Aus- und Weiterbildungsrichtlinien aufgenommen Die kulturelle Öffnung in psychosozialen Diensten hat mancherorts begonnen, in einigen Einrichtungen ist sie schon zum bewährten Standard gewonnen.

Viele Einrichtungen und viele Mitarbeiter tun sich jedoch mit der Akzeptanz von kultureller Öffnung und der Umsetzungen einer migranten- und kultursensiblen Orientierung der eigenen Arbeit noch sehr schwer. Altbekannt und immer wieder neu formuliert werden die Hinweise auf die eigene Überlastung in der Arbeit, auf die Auslastung der Einrichtung mit schon bestehenden Anforderungen. Kulturelle Öffnung wird immer noch als zusätzliche, zuweilen auch als lästige Anforderung empfunden.

Auf dem 9. Nationalen Integrationsgipfel im November 2016 wurde wieder bemängelt, dass Menschen mit Migrationshintergrund trotz ihrer demografischen Bedeutung nicht im öffentlichen Dienst vertreten sind. Das gilt leider auch für den psychologischen Beratungsbereich. Die Teams an den psychologischen Beratungsstellen sind bis auf Ausnahmen noch weit von einer multiethnischen, multikulturellen und multireligiösen Zusammensetzung entfernt. Entsprechend gering ist die mehrsprachige Bereitstellung psychologischer Beratung. Auch die Einbeziehung von DolmetscherInnen in die psychologische Beratungsarbeit ist noch selten. Einrichtungen in kirchlicher Trägerschaft unterstützen das Anliegen der kulturellen Öffnung ideell, zögern jedoch bei der Anstellung von MitarbeiterInnen mit einem anderen, nichtchristlichen Bekenntnis. Viele kirchliche Träger verzögern und verhindern durch ihre Anstellungspraxis die Umsetzung von kultureller Öffnung in all ihren Anliegen. Diese Verzögerung und Verhinderung wirkt als strukturelle Bremse für die Anliegen der kulturellen Öffnung. Kulturelle Öffnung ist wie Integration ein anspruchsvolles, anstrengendes und vor allem ein langwieriges gesellschaftliches Geschehen.

Es lässt sich auch nicht einfach durch eine Fortbildungs- oder Sensibilisierungsmaßnahme abhaken. Die kultur- und migrantensensible Orientierung darf nicht zur dekorativen Fassade von Einrichtungen und der psychologischen Beratungsarbeit werden.

Die migranten- und kultursensible Orientierung beinhaltet das anspruchsvolle Zusammenspiel von Wissen, Fertigkeiten und Haltungen zugunsten der Beziehungsfähigkeit für die einzelne Mitarbeiterin/den einzelnen Mitarbeiter. Diese Orientierung ist lernbar und lässt sich entwickeln. Diese Orientierung ist aber auch auf eine entschiedene migranten- und kulturoffene Trägerpolitik angewiesen.

Die Arbeit in einer migranten- und kultursensiblen Orientierung bedarf weiterhin beispielhafter Anstöße, bedarf der Ermunterung und der Erinnerung. Die Erfahrungen von Einrichtungen, die in einer migranten- und kultursensiblen Orientierung arbeiten, sind und bleiben kostbar und können in vielfältiger Weise in Fortbildung, Supervisionen, Coachings und Teamentwicklungen weitergegeben werden. Es lässt sich ein einfaches Fazit ziehen: Der migranten- und kultursensiblen Orientierung in der psychologischen Beratungsarbeit gehört die Zukunft.

Literatur

Allport, Gordon W. (1954). *The Nature of Prejudice*. Berkeley: Perseus Books.

Bhabha, Homi K. (1994). Verortung der Kultur. In Elisabeth Bronfen, Benjamin Marius & Therese Steffen (Hrsg.), *Hybride Kulturen. Beiträge zur angloamerikanischen Multikulturalismusdebatte* (S. 123–148). Tübingen: Stauffenberg.

Bittenbinder, Elise & Patel, Nimisha (2017). Systemische Praxis im globalen Zusammenhängen – Zwischen Solidarität und Abwehr. *Familiendynamik, 42*(1), 18–26.

Böhler, Michael (1986). *Schriften zur Sprache*. Stuttgart: Reclam.

Brislin, Richard Walter (1990). *Applied Cross-Cultural Psychology*. London: Sage.

Buber, Martin (1923). *Ich und Du*. Leipzig: Insel.

Bundesministerium für Familie, Senioren, Frauen und Jugend (BMFSFJ) (2000). *Sechster Familienbericht: Familien ausländischer Herkunft in Deutschland. Leistungen – Belastungen – Herausforderungen*. https://www.bmfsfj.de/bmfsfj/service/publikationen/6--familienbericht/95596 (24.11.2017).

DAKJEF (2009). *Fachliche Empfehlungen für eine migranten- und kultursensible institutionelle Beratung*. München: Deutscher Arbeitskreis für Jugend-, Ehe- und Familienberatung (DAKJEF).

Devereux, George (1978). *Ethnopsychoanalyse. Die kompensatorische Methode in den Wissenschaften vom Menschen*. Frankfurt a.M.: Suhrkamp.

Diallo, Tirmiziou (2000). *Verstehensprozesse in einer multikulturellen Gesellschaft. Hermeneutik des interkulturellen Dialogs*. Vortrag auf der Jahrestagung der Psychologischen Beratungsstellen für Ehe-, Familien- und Lebensfragen am 12. Juli 2000 in Reute.

Die Beauftragte der Bundesregierung für Migration, Flüchtlinge und Integration (2015). *10. Bericht der Beauftragten der Bundesregierung für Migration, Flüchtlinge und Integration über die Lage der Ausländerinnen und Ausländer in Deutschland.* https://www.bundesregierung.de/Content/DE/_Anlagen/IB/2014-10-29-Lagebericht-lang.pdf?__blob=publicationFile&v=4 (24.11.2017).

Englisch, Monika (2006). Interkulturelle Supervision. Ein Modell auf ethnopsychoanalytischer Grundlage. In Ernestine Wohlfart & Manfred Zumseil (Hrsg.), *Transkulturelle Psychiatrie – Interkulturelle Psychotherapie. Interdisziplinäre Theorie und Praxis* (S. 213–226). Heidelberg: Springer.

Eppink, Andreas (1986). *Cultuurverschillen en Communicatie*, Hilversum: Uitgeverij Kluwer Bv.

Erdheim, Mario (1992). Das Eigene und das Fremde. *Psyche, 8*, 730–744.

Erim, Yesim (2011). *Essener Leitlinien zur interkulturellen Psychotherapie* http://www.gtp-aktpt.de/wp-content/uploads/2015/12/GTP-Leitlinie-3-2011.ppt (24.11.2017).

Finanztest (2004). Testvergleich Interkulturelle Trainings. *Finanztest*, (5), 32–35. https://www.test.de/Interkulturelles-Training-Missverstaendnisse-vermeiden-1171614-0/ (24.11.2017).

fowid (Forschungsgruppe Weltanschauungen Deutschland) (2015). *Religionszugehörigkeiten in Deutschland 2015.* https://fowid.de/meldung/religionszugehoerigkeiten-deutschland-2015 (24.11.2017).

Gadamer, Hans-Georg (1967). *Kleine Schriften. Band I: Philosophie, Hermeneutik.* Tübingen: Mohr.

Grinberg, León & Grinberg, Rebeca. (1990). *Psychoanalyse der Migration und des Exils.* München: Verlag internationale Psychoanalyse.

Habermas, Jürgen (1985). *Die neue Unübersichtlichkeit.* Frankfurt a.M.: Suhrkamp.

Herringer, Norbert (2014). *Empowerment in der Sozialen Arbeit.* Stuttgart: Kohlhammer.

Hofstede, Gert (2006). *Lokales Denken, globales Handeln.* München: dtv.

Kroeber, Alfred L. & Kluckhohn, Clyde (1952). *Culture: A Critical Review of Concepts and Definitions.* Cambridge, MA: Museum.

Kumbier, Dagmar & Schulz von Thun, Friedemann (Hrsg.). (2006). *Interkulturelle Kommunikation: Methoden, Modelle, Beispiele.* Reinbek bei Hamburg: Rowohlt.

Kunze, Norbert (1988). Fremdheit als Barriere und als Möglichkeit in der Beratung. *Informationen der Bundesanstalt für Arbeit, 46*, 2147–2151.

Kunze, Norbert (1998). Interkulturelle psychologische Beratung. *Wege zum Menschen, 4*, 195–205.

Kunze, Norbert (2002). Zur Bedeutung des Teams und der Teamkultur für die psychologische Beratungsarbeit. *Blickpunkt EFL-Beratung*, (Oktober), 52–57.

Kunze, Norbert (2005). Interkulturelle psychologische Ehe-, Familien- und Lebens-Beratung und interkulturelle Kompetenz. *Blickpunkt EFL-Beratung*, (April), 6–18.

Kunze, Norbert (2014). Beratung mit älteren Migrantinnen und Migranten. In Michael Vogt (Hrsg.), *Lebens- und Bedarfslagen im Alter* (S. 53–79). Augsburg: Ziel Verlag.

Lévinas, Emmanuel (1987). *Die Spur des Anderen. Untersuchungen zur Phänomenologie und Sozialphilosophie*. Freiburg/München: Alber.

Machleidt, Wielant (2002). 12. Leitlinien zur psychiatrisch-psychotherapeutischen Versorgung von Migranten. Sonnenberger Erklärung. *Der Nervenarzt, 73*(12), 1208–1212.

Mall, Ram Adhar (1995). *Philosophie im Vergleich der Kulturen. Interkulturelle Philosophie – eine neue Orientierung*. Darmstadt: Wissenschaftliche Buchgesellschaft.

Maurer, Alfons (2006). Älterwerdende Gesellschaft – neue Herausforderungen für die EFL-Beratung. In Christoph Hutter, Norbert Kunze, Renate Oetker-Funk & Bernhard Plois (Hrsg.), *Quo vadis Beratung? Dokumentation einer Fachtagung zur Zukunftsfähigkeit in kirchlicher Beratungsarbeit* (S. 95–107). Münster: Selbstverlag.

Mecheril, Paul & Nathan, Tobie (1999). Zum Begriff des sozialen Netzes in der Analyse therapeutischer Dispositive. In Fernanda Pedrina (Hrsg.), *Kultur, Migration, Psychoanalyse* (S. 189–220). Tübingen: Edition Diskord.

Mecheril, Paul & Teo, Thomas (Hrsg.). (1997). *Psychologie und Rassismus*. Reinbek bei Hamburg: Rowohlt.

Mösko, Mike & von Lersner, Ulrike (2012). *Kultursensibel – aber wie? Leitlinien für Trainings inter/-transkultureller Kompetenzen in der Aus-, Fort- und Weiterbildung von Psychotherapeut_innen*. Hamburg: Universitätsklinikum Hamburg-Eppendorf.

Moro, Marie Rose (1999). Aufwachsen im Exil: Ethnopsychoanalyse mit Eltern und Kindern. In Fernanda Pedrina (Hrsg.), *Kultur, Migration, Psychoanalyse: therapeutische Konsequenzen, theoretische Konzepte* (S. 122–131). Tübingen: Edition Diskord.

Nadig, Marie (1996). Zur ethnopsychoanalytischen Erarbeitung des kulturellen Raums der Frau. In Helga Haase (Hrsg.), *Ethnopsychoanalyse.*

Wanderungen zwischen den Welten (S. 143–172). Stuttgart: Verlag Internationale Psychoanalyse.

Nadig, Marie (2002). Transculturality in Progress. Theoretical and Methodological Aspects Drawn From Cultural Studies and Psychoanalysis. In Hans Jörg Sandkühler, Lim Hong-Bin (Hrsg.), *Transculturality – Epistemology, Ethics and Politics* (S. 9–22). Frankfurt a. M.: Peter Lang.

Nathan, Tobie (1999). Zum Begriff des sozialen Netzes in der Analyse therapeutischer Dispositive. In Fernanda Pedrina (Hrsg.), *Kultur, Migration, Psychoanalyse: therapeutische Konsequenzen, theoretische Konzepte* (S. 189–220). Tübingen: Edition Diskord.

Oetker-Funk, Renate & Maurer, Alfons (Hrsg.). (2009). *Interkulturelle psychologische Beratung. Entwicklung und Praxis eines migrantensensiblen Konzepts.* Norderstedt: Books on Demand.

Office of Minority Health (2000). *Assuring Cultural Competence in Health Care.* Washington: Office of Minority Health.

Pedersen, Paul (1987). *Handbook of Cross-Cultural Counseling and Therapy.* Westport, CT: Greenwood.

Pedersen, Paul (1994). Multicultural Counseling. In Richard Walter Brislin & Tomoko Yoshida (Hrsg.), *Improving Intercultural Interactions* (S. 80–102). London: Sage.

Rappaport, Julian & Swift, Carolyn (1984). *Studies in Empowerment: Steps Toward Understanding and Action.* Manchester: Harworth Press.

Robert Bosch Stiftung (2017). *Was wirklich wichtig ist: Einblicke in die Lebenssituation von Flüchtlingen.* Kurzinformationen des SVR-Forschungsbereichs 2017/1. Berlin.

Selvini Palazzoli, Mara (1992). Team-Konsultationen: ein unentbehrliches Instrument für den Wissensfortschritt. In Jochen Schweitzer, Arnold Retzer & Hans Rudi Fischer (Hrsg.), *Systemische Praxis und Postmoderne* (S. 164–189). Frankfurt a. M.: Suhrkamp.

Sluzki, Carlos E. (2001). Psychologische Phasen der Migration und ihre Auswirkungen. In Thomas Hegemann & Ramazan Salman (Hrsg.), *Transkulturelle Psychiatrie* (S. 101–115). Bonn: Psychiatrie Verlag.

Statistisches Bundesamt (2016). *Bevölkerungsstand.* https://www.destatis.de/DE/ZahlenFakten/GesellschaftStaat/Bevoelkerung/Bevoelkerungsstand/Bevoelkerungsstand.html (24.11.2017).

Sue, Daniel (1990). *Counseling the culturally different.* London: John Wiley & Sons.

Sundermeier, Theo (1996). *Den Fremden verstehen. Eine praktische Hermeneutik.* Göttingen: Vandenhoeck & Ruprecht.

Vogt, Michael (Hrsg.). (2014). *Lebens- und Bedarfslagen im Alter*. Augsburg: Ziel Verlag.

Weiß, Anja (2001). *Rassismus wider Willen. Ein anderer Blick auf eine Struktur sozialer Ungleichheit*. Wiesbaden: Springer.

Whorf, Benjamin Lee (1973). *Sprache, Denken, Wirklichkeit – Beiträge zur Metalinguistik und Sprachphilosophie*. Reinbek bei Hamburg: Rowohlt.

Wohlfart, Ernestine (2006). *Transkulturelle Psychiatrie – Interkulturelle Psychotherapie*. Heidelberg: Springer.

Yagi, Seiichi (1988). *Die Frontstruktur als Brücke vom buddhistischen zum christlichen Denken*. München: Kaiser.

Christine Bär

Migration im Jugendalter

Psychosoziale Herausforderungen zwischen Trennung, Trauma und Bildungsaufstieg im deutschen Schulsystem

2016 · 333 Seiten · Broschur
ISBN 978-3-8379-2635-4

»Die einschneidenden Verlusterfahrungen und Traumata und die daraus resultierenden psychosozialen Herausforderungen von immigrierten Jugendlichen haben bislang im deutschen Bildungssystem und in der gesellschaftlichen Wahrnehmung keinen Platz gefunden.«

Christine Bär

Christine Bär untersucht in der vorliegenden Studie die Herausforderungen von Migration, Flucht und Integration im Jugendalter und zeigt, wie migrationsbedingte Verluste und Traumata verarbeitet werden können und wie eine langfristige Integration gefördert werden kann. Auf diese Weise schafft sie Voraussetzungen für die notwendige psychosoziale Unterstützung, die bisher im deutschen Bildungssystem kaum existiert.

Der Bildungsweg neu zugewanderter Jugendlicher ist von deren einschneidenden Trennungserfahrungen und Traumata geprägt. In drei Einzelfallstudien, die den theoretischen Teil ergänzen, analysiert die Erziehungswissenschaftlerin Christine Bär den Bildungsweg und den psychosozialen Verarbeitungsprozess der Jugendlichen über mehrere Jahre hinweg mithilfe psychoanalytischer Zugänge.

Elisabeth Rohr, Mechtild M. Jansen, Jamila Adamou (Hg.)

Die vergessenen Kinder der Globalisierung

Psychosoziale Folgen von Migration

2014 · 202 Seiten · Broschur
ISBN 978-3-8379-2352-0

Gut versorgt und in ständigem Kontakt mit den Eltern? Das tabuisierte Schicksal zurückgelassener und allein geflüchteter Kinder eindrucksvoll dargestellt.

Transnationale Kindheit stellt ein in der internationalen Migrationsforschung weitestgehend vernachlässigtes Thema dar. Während die Lebens- und Arbeitsverhältnisse von migrierten Elternteilen in der neuen Heimat relativ gut erforscht sind, bleiben die Schicksale zurückgelassener, allein geflüchteter und remigrierter Kinder und Jugendlicher nahezu unberücksichtigt.

Die BeiträgerInnen gehen der Frage nach, was es für Kinder bedeutet, wenn Eltern über Jahre abwesend sind. Wie bewältigen sie ihre Trennungs- und Verlusterfahrungen? Greifen sie dabei auf gender-spezifische Coping-Strategien zurück? Welche psychosozialen Folgen zieht die erzwungene Autonomie der Kinder nach sich? Mit lebendigen Geschichten von Kindern vermittelt das Buch einen tiefgründigen Einblick in kindliche Lebensrealitäten und erlaubt Erkenntnisse jenseits der bisherigen transkulturellen Migrationsforschung.

Mit Beiträgen von Joseba Achoteguí, Christine Bär, Elisabeth Beck-Gernsheim, Anca Gheaus, Elisabeth Rohr, Sarah Schackert, Nausikaa Schirilla, Simon Moses Schleimer, Angela Schmidt-Bernhardt und Gülcin Wilhelm